L'OMBRELLE Le Gant Le Manchon par OCTAVE UZANNE

PARIS

A. QUANTIN
Editeur
1883.

Dessins de P. Avril

LE GANT — LE MANCHON

PAR

OCTAVE UZANNE

A. QUANTIN, IMPRIMEUR-ÉDITEUR

7, RUE SAINT-BENOIT, 7

1883

l'Ombrelle

Le Gant — Le Manchon

Avant-propos

AVANT-PROPOS

APRÈS *l'éclatant succès qui accueillit au renouveau de l'an dernier notre volume* l'Éventail, *succès qui provenait — je ne saurais me le dissimuler — beaucoup plus de la conception originale et de l'exécution décorative de cet ouvrage de luxe que de l'intérêt de l'œuvre littéraire même, j'ai voulu clore cette série des ornements de la femme par un dernier opuscule sur les parures protectrices de cet être délicat, gracile et gracieux :* l'Ombrelle, le Gant, le Manchon. *Ainsi se trouvera limitée en deux volumes cette collection des hochets féminins que nous avions primitivement entrevue si complexe et si lourde qu'il n'aurait pas fallu moins de douze tomes pour en réunir les principaux éléments. Cela eût sans doute, d'une part, fatigué notre constance, sans parvenir à fixer plus sûrement l'inconstance de nos lectrices. — L'esprit a ses boutades d'indépendance et l'imprévu de la vie doit être ménagé.*

Au surplus, pour ne rien déguiser, l'élégance

décorative d'un livre comme celui-ci cache souvent bien des compressions intellectuelles pour l'auteur, obligé de mettre un corset étroit à ses exubérances d'idées, afin de les faufiler plus prestement à travers toutes les combinaisons du dessin, qui est ici l'inexorable Mentor du texte.

Dans un ouvrage imprimé en cette manière, de même qu'au théâtre, la mise en scène est souvent au détriment de la pièce; ceci tue cela, — il ne saurait en être autrement, — le public applaudit, mais l'écrivain qui a le culte de son art se résigne avec peine et proteste en lui-même contre la condescendance dont il vient de faire preuve.

Deux volumes suffiront donc à mes lectrices sous cette forme qui encage l'esprit flâneur, musard, inventif et paradoxal. Nous nous retrouverons bientôt dans des livres aux horizons plus vastes et moins « bas de plafond », pour employer une expression qui peint bien l'emprisonnement moral où m'enveloppe, dans ses grâces, le talent exquis de mon collaborateur Paul Avril.

Je n'apporte donc point — qu'on le sache — de prétentions littéraires personnelles dans cet ouvrage. Ainsi que dit le sage Montaigne, en ses Essais : « J'ai seulement faict icy un amas de fleurs estrangères n'ayant fourni du mien que le filet à les lier. »

Octave Uzanne.

Le Parasol — Le Parapluie

L'OMBRELLE

Le Parasol — Le Parapluie

L'AUTEUR d'un *Dictionnaire des Inventions,* après avoir constaté l'usage du Parasol en France vers 1680, déclare renoncer à en rechercher et à en préciser la conception première, qui semble, en effet, complètement se dérober dans la nuit des temps.

Il serait évidemment puéril de vouloir assigner une date à l'invention des Parasols ; mieux vaudrait remonter à la Genèse. Une expression biblique : *l'Abri qui défend du soleil,* suffirait presque à démontrer l'origine orientale du Parasol, s'il n'apparaissait partout dès la plus haute antiquité, aussi bien dans les sculptures ninivites retrouvées et décrites par M. Layard, que sur les bas-reliefs des palais ou les fresques des tombeaux de Thèbes et de Memphis.

Déjà on faisait usage du Parasol, en Chine, plus de deux mille ans avant Jésus-Christ. Il en

est parlé dans le *Thong-sou-wen,* sous la dénomination de *San-Kaï,* au temps des premières
dynasties, et une légende chinoise en attribue
l'invention à la femme de *Lou-pan,* célèbre char-
pentier de l'antiquité : « Seigneur, aurait dit à
son mari cette épouse incomparable, vous con-
struisez fort habilement des maisons pour les
hommes, mais il est impossible de les faire
mouvoir, tandis que l'objet que je fabrique pour
leur usage particulier se peut porter bien loin,
bien loin au delà de mille lieues. »

Et Lou-pan, stupéfait du génie de sa femme,
aurait alors vu se déployer le premier Parasol.

Pour intéressantes que soient ces légendes,
léguées par tradition aux peuples d'Orient, elles
n'ont guère plus de crédit sur l'histoire que
nos délicates affabulations mythologiques; elles
conservent en elles moins de quintessence poé-
tique et paraissent surtout plus dégagées de ce
charme mystérieux dont le paganisme grec
noyait tout cet Olympe charmant, duquel semblent descendre les origines mêmes de l'art.

Qu'on se représente les trois Grâces brû-
lées par Apollon, lasses de fuir sous les ombrages où sont embusqués faunes et égipans;
que l'on se peigne ces trois belles désespé-
rées, à l'ardente sensation de hâle qui flétrit
leur épiderme; qu'elles invoquent Vénus et
qu'aussitôt les Amours apparaissent porteurs
d'instruments inconnus, diligents à en faire

jouer les petits ressorts cachés, ingénieux
à en montrer les différents usages et les
effets salutaires; qu'un poète, un Voltaire,
un Dorat, un Meunier de Querlon ou un
Imbert de ce temps-ci se complaise à
forger des rimes d'or sur cette fable;
qu'inspiré enfin par les déesses, il ser-
tisse un chef-d'œuvre incontesté, et
voilà qu'aussitôt l'*Origine de l'Ombrelle* se
trouve gravée en jolies lettres légendaires
au temple de Mémoire, sans que les savants
à lunettes de l'univers y puissent contredire.

Mais si quelque poète au talent frisque
et maniéré n'a pas rimé *le
conte du Parasol*, plusieurs

poètes de tous temps en ont rappelé l'usage en
des vers précieux, qui semblent servir de jalons à
l'histoire et de références aux découvertes archéo-
logiques. — Dans la Grèce antique, lors des fêtes
de Bacchus, la coutume, qu'on ne confondait pas
encore avec le bon ton, était de porter une
Ombrelle, non tant pour atténuer l'ardeur du
soleil que par cérémonial religieux. Paciaudi,
dans son traité *De Umbellæ gestatione*, nous
montre, sur le char où est déposée la statue de
Bacchus, un éphèbe assis, porteur d'une Ombrelle, signe de la majesté divine. Pausanias,
dans ses *Arcadiques*, mentionne l'Ombrelle en
décrivant les fêtes d'Aléa en Argolide, tandis que
plus tard, dans les *Éleuthéries*, on voit encore
le Parasol. Enfin, après nous avoir dépeint,
dans une merveilleuse description d'Alexandrie
en fête, les hiérophantes porteurs du phallus et
du vase mystique, les Ménades couvertes de
lierre, les Bassarides aux cheveux épars agitant
leur thyrse, Athénée fait tout à coup apparaître
le char magnifique de Bacchus, où la statue du
dieu, haute de six coudées, toute en or, avec
une robe de pourpre tombant aux talons, se
trouvait surmontée d'une Ombrelle agrémentée
d'or. Bacchus doit avoir eu, seul de tous les
dieux, le privilège de l'Ombrelle, si l'on s'en
rapporte aux anciens monuments, aux vases en
terre et aux pierres gravées tirées des musées de
Philippe de Stosch et autres archéologues.

Par suite de leurs rapports fréquents avec les Grecs, après la mort d'Alexandre le Grand, les Juifs paraissent avoir emprunté aux Gentils, dans la célébration de leur fête des Tabernacles, l'usage de l'Ombrelle. La médaille suivante d'Agrippa le Vieux, frappée par les Juifs hellénisés, en ferait foi en quelque sorte, bien que Spanhemius, dans un passage relatif à cette médaille, dise qu'on a longtemps hésité sur la signification des symboles qu'elle représente. Ces épis marquent-ils la fertilité des provinces gouvernées ou se rapportent-ils à la fête des Rameaux ? — Quant à la tente placée au recto, il est peu probable que l'on puisse trouver là un tabernacle selon le rite de Moïse, puisque les toits de ces tabernacles, loin d'être en pointe, étaient à plat et fendus par le milieu, de manière à laisser pénétrer la pluie, le soleil et la clarté des étoiles. Ce serait donc l'Ombrelle, symbole de royauté ; ceci peut paraître tout au moins vraisemblable.

Le Parasol joua chez les Grecs un rôle très important, aussi bien dans les cérémonies sacrées et funèbres que dans les grandes fêtes de la nature et même dans la vie privée des nobles dames d'Athènes.

Sur la plupart des vases grecs on voit se dessiner la forme élégante d'un Parasol, soit en

pointe, à branches droites ou ar-
quées, concaves ou convexes, soit en
forme d'hémisphère ou en dos de
tortue. Mais l'Ombrelle à baguettes
mobiles s'élargissant ou se resser-
rant existait dès lors, ainsi que
l'indique suffisamment cette phrase
d'Aristophane, dans les *Chevaliers*
(acte V, scène II) : « Ses oreilles
s'ouvraient et se fermaient presque
à l'image d'une Ombrelle. »

Un archéologue pourrait se com-
plaire à écrire un ouvrage spécial sur
le rôle de l'Ombrelle en Grèce; les
documents ne manqueraient pas; le
livre grossirait même vivement et
pourrait être hérissé de notes de

toutes provenances qui foison-
neraient dans les marges, à l'exemple de
ces bons et solides volumes du xviᵉ siècle,
qu'un ermite seul aurait le loisir de lire
en conscience aujourd'hui. — Tel n'est
pas notre rôle dans ce léger chapitre.

On ne saurait dire au juste pour quel
motif l'Ombrelle était portée par des
jeunes vierges à toutes les processions,
dans les *Thesmophories*, les fêtes d'Éleu-
sis et les *Panathénées*. — Aristophane
appelle les corbeilles et les blanches Ombrelles des « instruments symboliques
destinés à rappeler aux humains les actes
de Cérès et Proserpine ».

Peut-être ne faut-il pas chercher au delà de cette
définition aristophanesque, qui peut, au demeurant,
nous satisfaire entièrement. De plus, ces Ombrelles
étaient blanches, non pas, dit-on, parce que la statue
érigée par Thésée à Minerve était de cette couleur, mais
parce que le blanc marquait la plus vive joie et la
pompe selon *Ovide*, qui recommande très
soigneusement en ses *Fastes* de
porter, en signe de ré- jouissances,
de blanches tuniques lignes de com-
plaire à Cérès dont objets du culte
et les prêtresses doivent être d'une entière blancheur.

Pour un homme, d'après Anacréon, le port du Parasol était un indice de vie libertine et efféminée; on pourrait même tirer une conclusion analogue d'une scène des *Oiseaux,* d'Aristophane, dans laquelle Prométhée, par crainte de Jupiter, crie à son esclave, avant de s'abandonner à une passion agréable à Vénus seule : « Prends vite cette Ombrelle et tiens-la au-dessus de moi, afin que les dieux ne me voient pas. »

C'est aussi, sans doute par cette même raison qui interdisait virtuellement le Parasol aux hommes, que les filles des Métèques ou étrangers domiciliés à Athènes devaient, au dire d'Élien, porter l'Ombrelle des femmes athéniennes dans les spectacles et les cérémonies publiques, tandis que leurs pères portaient les vases destinés aux sacrifices.

Par la suite, le θολία ou « chapeau Ombrelle » succéda au Parasol proprement dit. C'est de ces θολία que parle Théocrite en divers endroits; c'est également ce chapeau et non une Ombrelle qu'il faut voir dans la curieuse médaille ci-contre, frappée chez les Etoliens, et qui représente Apollon portant cet étrange chapeau, genre *Yokohama*, pendu dans le dos.

Depuis les époques les plus reculées, l'Om-

brelle fut considérée, en tant qu'attribut des
dieux et souverains, comme l'insigne de la toute-
puissance. On lui voit jouer ce rôle suprême
non seulement à titre d'emblème de blason,
dans la curieuse dissertation du chevalier Bea-
tianus sur *l'Ombrelle de vermeil sur champ
d'argent, symbole de puissance, d'autorité souveraine et de véritable amitié*, mais aussi on la
trouve universellement adoptée comme signe de
la plus haute distinction, par les peuples orien-
taux, pour être déployée sur la tête du roi, en
temps de paix et quelquefois en temps de guerre.

C'est ainsi qu'on la peut contempler sur les
sculptures de l'ancienne Égypte, où son usage
n'était pas cependant exclusif aux Pharaons,
mais quelquefois aussi aux seuls grands dignitaires. On voit dans Wilkinson une étrange gravure qui représente une princesse éthiopienne
assise sur un *plaustrum*, sorte de char traîné
par des bœufs, et ayant derrière elle un personnage vague muni d'un large Parasol d'une forme
indécise entre l'écran et le *flabellum* en segment
de cercle. — N'est-ce pas également en signe
d'adoration qu'il était d'usage de mettre au-dessus
des têtes des statues divines des croissants de
lune, des Ombrelles, des petites sphères qui servaient non seulement à garantir ces augustes chefs
des injures du temps et des souillures des oiseaux,
mais aussi à en relever la physionomie comme
par un nimbe ou une couronne du paganisme?

Les rois ou sa- 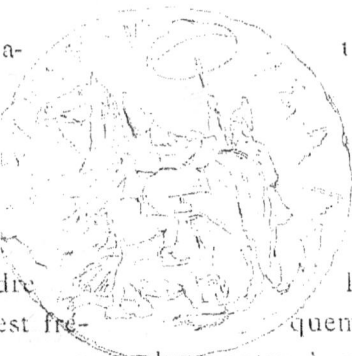 trapes de Perse
des plus vieilles dynasties
étaient déjà abri- tés par le
Parasol souve- rain. Char-
din décrit, dans ses *Voyages,*
des bas - reliefs bien anté-
rieurs à Alexandre le Grand, ou
le roi de Perse est fré- quemment représenté, tantôt au moment de monter à cheval, tantôt
entouré de jeunes esclaves, — belles comme le jour,
dirait un poète, pour faire image — parmi lesquelles
l'une incline une Ombrelle, tandis que l'autre se sert d'un
chasse-mouches fait d'une queue soyeuse de cheval.
D'autres bas-reliefs représentent encore le monarque
persan sur un trône, au sortir d'une bataille victorieuse,
alors que les rebelles sont crucifiés, et se tordent dans
les supplices, que les prisonniers, amenés un à un, font
humblement leur soumission. — Ici l'Ombrelle
devait avoir des allures flottantes d'étendard glorieux. Elle symbolisait en outre le droit de vie et
de mort du farouche vainqueur sur
les infortunés vaincus livrés entièrement à sa merci.

Dans l'Inde antique, berceau de la race humaine.
dit-on, de tout temps et plus que partout ailleurs le
Parasol s'est déployé dans sa splendeur et la grâce de
sa contexture. comme un immuable symbole de la majesté royale. — Il semble réellement que ce soit sous
l'azur profond de cet admirable ciel indien qu'ait été
inventé le coquet instrument dont nous exposons ici,
par zigzags littéraires. le sommaire historique. Il a
dû naître là tout d'abord comme un fragile bouclier
à opposer à l'ardeur du soleil, puis il s'y est sans doute
développé peu à peu, en large dôme porté à bras d'esclaves ou à dos d'éléphant, montrant l'éclat de ses couleurs, l'originalité de sa forme, la richesse de ses tissus
tout surchargés d'or fin et d'argent filigrané; faisant
scintiller ses paillettes et ses pierreries en pleine lumière
jaillissante, dans l'oscillation lente que lui donne la
marche des porteurs ou les dandinements sur place
d'un lourd pachyderme, au milieu des féeries, des
danses et des enchantements innombrables, parmi les plus bizarres palais
du monde.

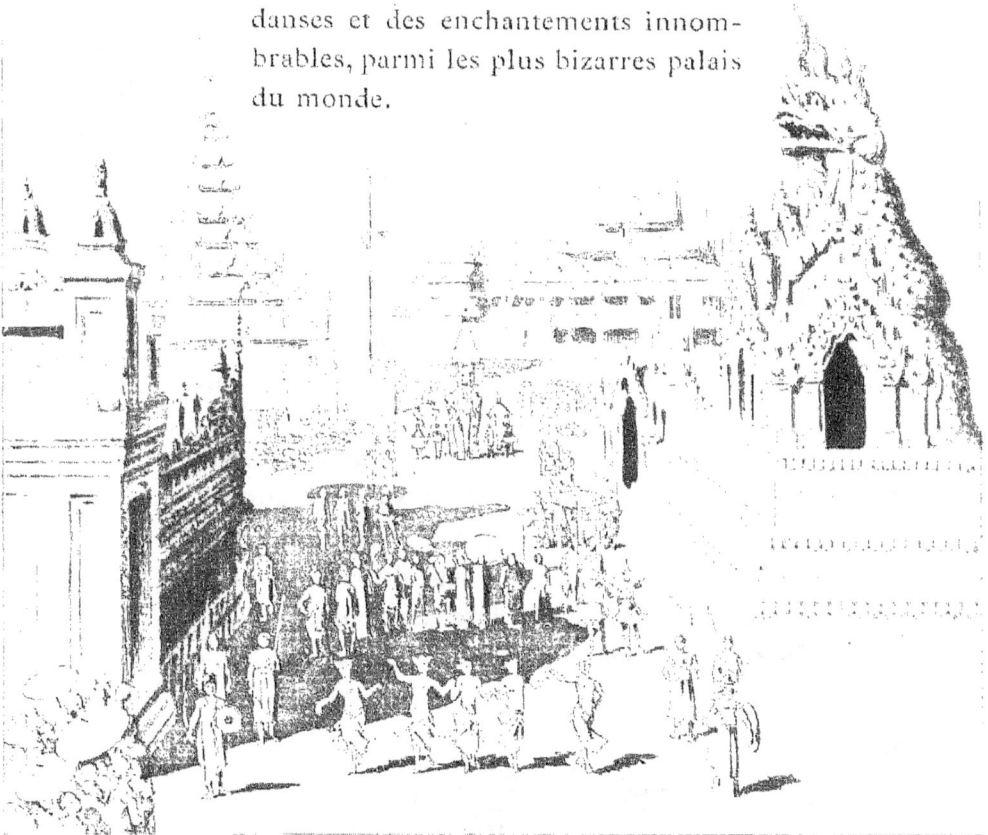

En Hindoustan, le grand Parasol se nomme communément *Tch'hâtâ*, le petit Parasol ordinaire *Tch'hâtry*, et le porteur de Parasol pour dignitaires *tch'hâta-wâlâ*.

Le Parasol *à sept étages (savetraxat)* est le premier insigne de la royauté; il se trouve gravé sur le sceau royal. La mythologie et la littérature indoues sont, pour ainsi dire, confusément peuplées de Parasols. Dans sa cinquième incarnation, Vishnou descend aux enfers, un Parasol à la main. D'autre part, dès le viiᵉ siècle, Hiouen-Thsang en fit la remarque, d'après les *rites* du royaume de Kapitha, Brâhma et Indra étaient représentés tenant à la main, l'un un chasse-mouches, l'autre un Parasol. Dans le *Ramâyana* (ch. xxvi, *scloka* 12), Sitâ parlant de Râma, dont les beaux yeux ressemblent aux pétales du lotus, s'exprime ainsi : « Couvert du Parasol zébré de cent raies et tel que l'orbe entier de la lune, pourquoi ne vois-je pas briller sous lui ton si charmant visage? »

On lit encore dans le *Mahâbárata* (*sclokas* 4941 à 4943) : « La litière sur laquelle était placé le corps inanimé du monarque Pândou, fut ornée d'un chasse-mouches, d'un éventail et d'une blanche *Ombrelle;* au son de tous les instruments de musique, des hommes par centaines offraient, en l'honneur du rejeton éteint de Kourou, une foule de chasse-mouches, des *Ombrelles blanches* et de splendides vêtements. »

Les princes mahrattes qui régnaient à Pounah
et à Sattara avaient le titre de *Tch'hâtâ pati :*
seigneur du Parasol, et on nous dit que l'un des
titres les plus estimés du monarque à Ava serait
encore celui de : « Roi de l'Éléphant blanc et
seigneur des vingt-quatre Parasols ».

Lorsqu'en 1877 le prince de Galles, futur
héritier du trône d'Angleterre, entreprit son
fameux voyage dans les Indes, on fut forcé, —
raconte le scrupuleux historien de cette expédition princière, M. W.-H. Russel, — afin de le
faire connaître aux indigènes, de mettre le prince
sur un éléphant et de tenir sur sa tête l'Ombrelle d'or, symbole de sa souveraineté

On peut voir aujourd'hui au South-Kensing-
ton Museum, dans l'admirable galerie indienne
qui vient d'y être installée, une vingtaine de
Parasols rapportés par le prince de ce voyage et
dont chaque type particulier vaudrait une description qui ne peut, hélas! à notre regret sincère, trouver place ici. On y peut admirer le
state Umbrella d'Indore, en forme de champignon; l'Ombrelle de la reine de Lucknow, en
satin bleu, broché d'or et couvert de perles fines;
puis des Parasols en *gilt paper,* d'autres tissés
de matières diverses, quelques-uns entièrement
recouverts de plumes ravissantes d'oiseaux rares,
tous à longs manches, en or ou en argent, da-
masquinés, en bois peint, en ivoire fouillé,
d'une richesse et d'une exécution inoubliables.

Attachons-nous, par devoir, au pays indou pour retrouver le Parasol sur une terre plus classique, dans l'ancienne Rome, au milieu du Forum et des jeux du cirque. L'Ombrelle se trouve assez fréquemment dans les plus anciennes peintures sur pierres et vases d'Étrurie, bien longtemps même avant l'ère romaine. D'après Pline et Valère Maxime, c'est de Campanie que vint le Velarium destiné à garantir les spectateurs du soleil. L'usage de l'Ombrelle *particulier à chaque spectateur* s'établit peu à peu, les jours ou, par suite du vent, le Velarium ne pouvait servir. — Martial dit, dans ses Épigrammes (livre IV) :

Accipe quæ nimios vincant Vinbracula soles
Si licet, et ventus, te tua vela tegant.

On se servait de l'Ombrelle non seulement dans les théâtres, mais encore aux bains et surtout pendant les promenades. — Ovide, dans les *Fastes*, nous montre Hercule garantissant sa bien-aimée Omphale, à l'aide d'une Ombrelle, des rayons du soleil :

Aurea pellebant tepidos umbracula soles,
Quæ tamen Herculæ sustinuere manus.

Cette image d'un Hercule portant un léger Parasol ne serait-elle pas digne de remplacer le thème usé de la quenouille?

Les anciens Romains apportaient dans la décoration de leurs Parasols une magnificence inconnue de nos jours. On empruntait à l'Orient ses étoffes, ses pierreries, son style ornemental pour enrichir le mieux possible ces jolies tentes portatives. — Lorsque Héliogabale, oubliant son sexe à l'exemple des prêtres d'Atys, apparaissait sur son char revêtu de la robe longue et de tous les colifichets à l'usage des femmes; lorsqu'il se faisait traîner et entourer par des légions d'esclaves nues, il portait un éventail en guise de sceptre et non seulement un Parasol d'or, en forme de dais, était étendu sur sa tête, mais encore, à ses côtés, deux *umbellifères* tenaient de légères Ombrelles de soie couvertes de diamants, montées sur bambou des Indes ou sur tige d'or ciselée et incrustées des pierreries les plus merveilleuses.

Dans le cortège qui accompagnait une matrone sur la voie Appienne, si nous en croyons l'historien de *Rome au siècle d'Auguste*, deux esclaves étaient obligatoires : la porteuse d'Éventail *(flabellifera)* et la suivante *(pedissequa)*. Cette dernière portait un élégant Parasol de toile tendue sur de légers bâtons, à l'extrémité d'un très long roseau, pour qu'au moindre signe de sa maîtresse elle pût diriger sur elle l'ombre du mobile abri.

Le Parapluie romain semble avoir été un simple morceau de cuir, d'après ces vers que Martial écrit en forme de conseil :

Ingrediare viam cœlo licet usque sereno
Ad subitas nunquam scortea desit aquas.

Ce « pan de cuir » était assurément un Parapluie qui, sauf le poids peut-être, ne devait rien avoir à envier au nôtre.

A Rome comme à Athènes, l'Ombrelle semblait préserver des regards divins, car selon Montfaucon on couvrait même les triclinia d'une sorte d'Ombrelle, afin de se livrer plus mystérieusement aux orgies de toute sorte et aux plaisirs de Vénus.

La matière qui servait à la confection des Ombrelles était primitivement, au dire de Pline, des feuilles de palmier divisées en deux, ou des tresses d'osier ; par la suite, on les fit en soie, en pourpre, en étoffes d'Orient, en or, en argent ; on les orna d'ivoire indien ; on les constella d'étoiles et de bijoux. Un auteur cite même des Ombrelles en cheveux féminins : *mulierum capilli sic conformati ut Umbellæ vicem præstent.*

Singulière coiffure ou singulier Parasol !

Juvénal parle d'une Ombrelle verte envoyée avec de l'ambre jaune à un ami pour sa naissance et au retour du printemps :

En cui Tu Viridem Umbellam, cui Succina mittas
Grandia, natalis quoties redit, aut, madidum ver recipit.

Et au sujet de cette Ombrelle *verte*, à propos de ce *Viridem*, tous les commentateurs entrent en campagne et font un bruit assourdissant pour expliquer que l'épithète ne se rapporterait pas à la couleur de l'Ombrelle, mais au printemps.

Quittons Rome, s'il vous plaît, sans entrer dans ces oiseuses dissertations.

Il nous serait difficile de trouver au moyen âge de nombreuses manifestations de l'Ombrelle dans la vie privée; elle fut évidemment adoptée dans les cérémonies de l'Église chrétienne et dans les *Entrées* royales; mais elle fut surtout le privilège des grands et n'apparut plus guère qu'aux jours solennels, dans les processions, comme plus tard le dais, réservé aux rois et aux nobles du clergé.

A Venise, le doge avait déjà sa célèbre Ombrelle en 1176. Le pape Alexandre III avait accordé aux chefs vénitiens le droit de porter cette Ombrelle dans les processions. Sous le règne du doge Giovani Dandolo (1288), on avait ordonné que l'on placerait la jolie statuette d'or de l'Annonciation qu'on voit représentée au haut du Parasol du dogat vénitien.

On peut avoir une idée de cette merveilleuse Ombrelle toute de brocart d'or, d'une forme originale et pompeuse, en regardant la plupart des estampes du temps, et en particulier la célèbre gravure de la *Procession du Doge* ainsi que les tableaux de Canaletto, de Francesco

Guardi, de Tiépolo, et de la plupart de ces charmants peintres vénitiens du xviiiᵉ siècle.

Il paraît évident que les Gallo-Romains connaissaient l'usage du Para-sol, mais il serait malaisé d'en démon-trer l'existence logiquement aux épo-ques guerrières et gothiques. On se figure mal ces hommes d'armes, ces gentils paiges et ces nobles damoiselles à haute coiffure et à longue robe, munis du frêle *en-cas* de soie. On ne craignait assurément alors ni la pluie ni le soleil; on ne rêvait que *batailloles*, selon le mot du temps; tout se faisait en l'hon-neur des dames, d'après les lois du bon roi René, et celles-ci n'eussent certes pas voulu, à l'heure des glorieux tournois, s'abriter aux abords de la lice contre un soleil qui étincelait sur la cuirasse de leurs preux chevaliers avec autant d'éclat que l'espoir qui brillait en leurs yeux.

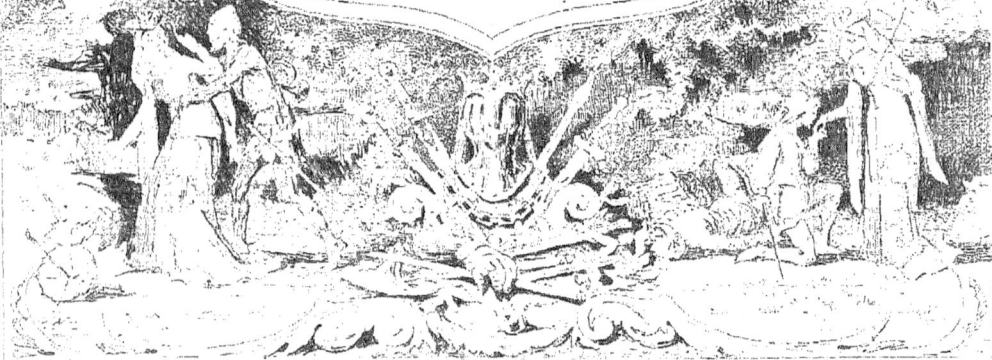

Venons donc en Chine pour
y retrouver Parasols et Parapluies
en grand honneur, dès le com-
mencement de la dynastie *Tchéou*
(xi° siècle avant Jésus-Christ).

— « Les Parapluies d'alors,
dit M. Natalis Rondot, ressem-
blaient aux nôtres : la monture était composée
de vingt-huit branches courbées et recouverte
d'étoffe de soie. Les Parasols étaient de plume.

« D'après le *Thong-ya*, c'est seulement sous
les premiers Weï (220 à 264 de Jésus-Christ)
que les cavaliers commencèrent à se servir
de Parasols; ces Parasols étaient, le
plus souvent, faits de baguettes de bambou et de papier huilé : les personnes
allant à pied n'en firent guère usage
que sous les seconds Weï (386 à 554).
Les Parasols figurent d'ordinaire
dans les processions et

les funérailles dès le viie siècle. Ainsi, en 648, lors de l'inauguration du couvent de la Grande-Bienfaisance, à Si-ngan-Fou, on comptait, — dit l'historien de la *Vie de Hiouen thsang,* — rien que dans le cortège, trois cents Parasols d'étoffes précieuses. Le Parasol, en Chine comme aux Indes, a toujours été un signe de rang élevé, bien qu'il ne soit pas resté exclusif aux empereurs et mandarins. On portait, paraît-il, autrefois, vingt-quatre Parasols devant l'empereur, lorsque Sa Majesté allait à la chasse.

« Jamais un Chinois d'une classe un peu élevée, un mandarin, un bonze ou un marabout, ne sort sans le Parasol, constate M. Marie Cazal, le fabricant d'Ombrelles qui fit vers 1844 un petit *Essai sur le Parapluie, la canne et leur fabrication.* — Tout Chinois d'un ordre supérieur se fait suivre d'un esclave qui porte son Parasol déployé. »

« Le Parapluie, en Chine, est destiné au même usage que le Parasol, poursuit M. Cazal; il appartient à tous; jamais, dans les jours tant soit peu douteux, un Chinois ne sort sans son Parapluie. Les Chevaux même sont abrités, ainsi que les éléphants, par des Parasols ou des Parapluies fixés par des branches de bambou. Leurs conducteurs se gardent bien de les maltraiter : imbus qu'ils sont, comme tout bon Chinois, des doctrines de la métempsycose, ils craindraient de tourmenter l'âme de leur père ou de leur aïeul réduit, pour expier ses fautes, à animer le corps de ces quadrupèdes. »

Les Parapluies et les Parasols les plus communs en Chine sont assez semblables à ceux qui sont importés en France; ils sont entièrement faits de tiges de bambou disposées avec un art énorme et recouverts de papier huilé, goudronné ou laqué. Quelques-uns sont coloriés et portent en impression des allégories religieuses ou des sentences de Confucius.

Tous les voyages en Chine et autour du monde sont remplis de détails sur le Parasol chinois : « Les femmes chinoises, dont les pieds ont été comprimés dès l'enfance, remarque M. Charles Lavollée, ont beaucoup de peine à marcher et sont obligées de s'appuyer sur le manche de leur Parasol, qui leur sert de canne. »

Le Parasol et l'Éventail, en Chine, jouent un rôle si considérable, qu'il faudrait faire sur ces deux objets une monographie spéciale pour bien envisager leur importance dans l'histoire de ce pays et dans les mœurs courantes. Dans une étude générale et sommaire comme celle-ci, ne faut-il pas faufiler plutôt que de coudre les documents réunis avec peine ou trouvés à portée et en laisser de côté les plus grosses liasses, sous peine de sombrer dans le format in-folio des lourds dictionnaires?

Partout nous voyons, dans les exquises compositions décoratives japonaises, un Parasol grand ouvert, au milieu des fleurs de pêcher délicates, des gracieuses envolées d'oiseaux étranges, des feuillages dentelés et des ibis roses. Tantôt, sur les inimitables peintures des vases émaillés, l'Ombrelle japonaise abrite une fille de roi escortée de ses suivantes et qui se dispose chastement à entrer au bain; tantôt, sur quelque crépon, le Parasol cache à demi des femmes en promenade sur les bords de quelque grand lac bleu qui laisse rêveur. Tantôt, enfin, dans un fantastique croquis d'album où se lit comme une débauche d'imagination, on aperçoit quelque être humain singulièrement affolé, les cheveux au vent, l'œil hagard, qui navigue au gré des flots tumultueux sur un Parasol renversé, au manche duquel il se cramponne avec l'énergie du désespoir. Les planches du *Voyage de Ricard* et surtout les anciens albums japonais sont utiles à

consulter pour bien comprendre les variétés d'allures de l'Ombrelle au Japon. Ce qui don- nerait une idée bizarre
des effets et des services qu'un Japonais peut tirer
d'un vulgaire Parasol de son pays, ce sont les jeux
de ces acrobates qui nous arrivent par- fois de Tokio,
de Yedo ou de Yokohama. — Théo- phile Gautier, qui s'émerveillait hautement et à juste titre devant la prestesse, la grâce et la hardiesse
de ces équilibristes merveilleux, a laissé à leur
sujet les plus belles pages peut-être de ses feuil-
letons de lundiste. Le bon Théo, ce Rajah exilé,
puisait chez ces clowns étonnants de légèreté un
enthousiasme qui mettait sur sa palette de coloriste
les tons les plus vibrants et les nuances les plus fines.
— L'Ombrelle et l'Éventail sont en effet présentés par
ces magiciens d'Orient avec des gentillesses particulières, dans la jonglerie des exercices les plus variés. Ici, c'est une bille d'ivoire qui roule avec un
bruissement de ruisseau jaseur sur les lamelles
de l'Ombrelle; là, c'est un Parasol tenu en équi-
libre sur la lame d'un poignard, et mille autres
inventions étonnantes. Tous ces prestigieux
tours d'adresse ne pour-
raient se décrire que dans
la manière de Gautier, c'est-
à-dire par de véritables tableaux à la plume. Inter-
prétation admirable des
choses entrevues !

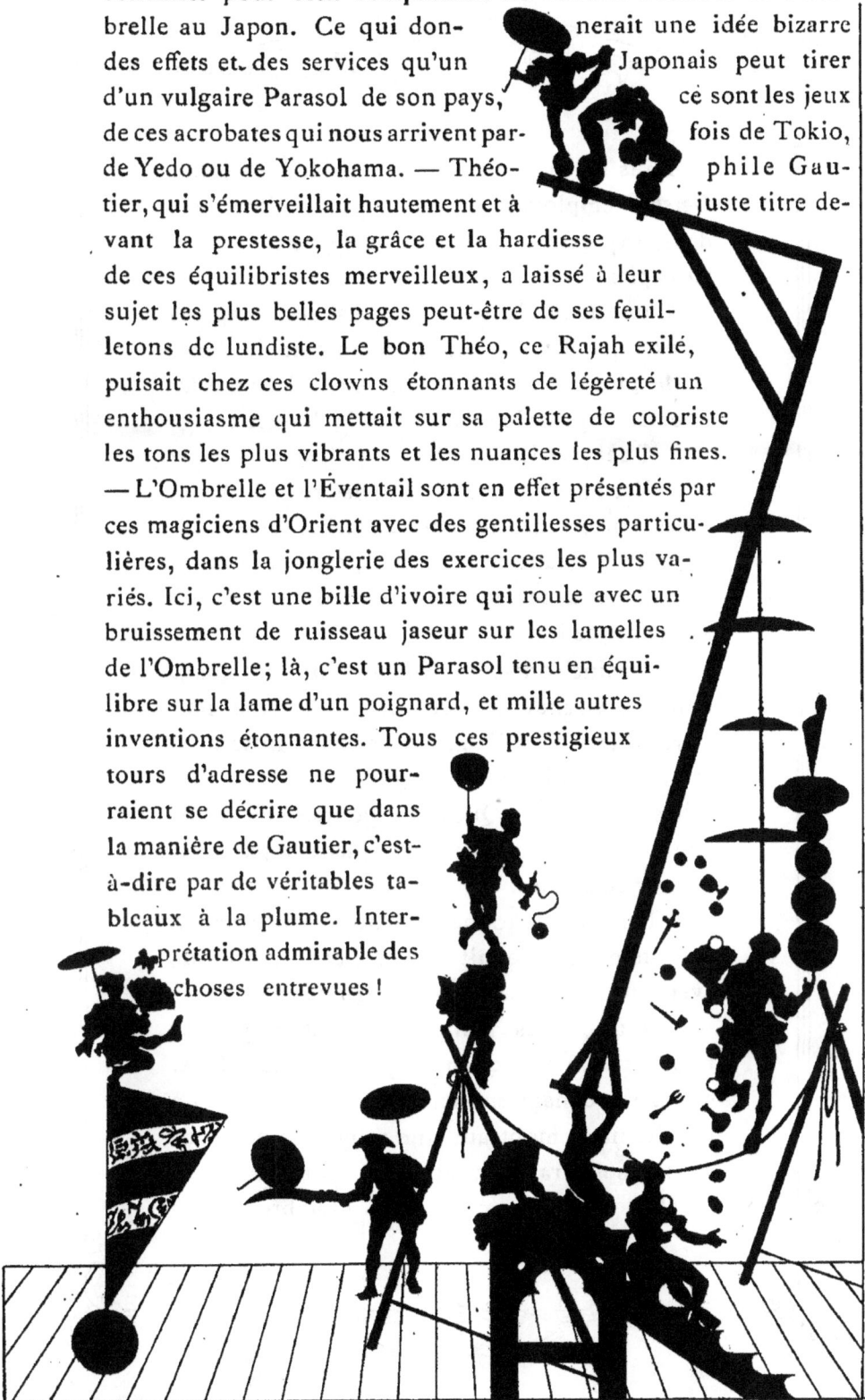

Dans les maisons à thé de Tokio, les jolies *Geishas* emploient souvent, pour mimer une danse expressive, l'Éventail et le petit Parasol en papier.

L'une de ces danses les plus usitées, et réglées à l'exemple de nos ballets, se nomme la danse de la pluie. Voici comment un *globe-trotter* nous en dépeint le caractère et la donnée :

« Quelques jeunes filles se préparent à sortir et à aller faire les belles dans les rues de Yedo. Elles portent des toilettes superbes, elles s'admirent en jouant de l'Éventail; elles sont sûres de faire tourner la tête de tous les jeunes samouraï de la ville.

« A peine sont-elles dehors qu'un gros nuage apparaît. Grande inquiétude; elles ouvrent leur Parasol et font mille grimaces charmantes pour montrer combien elles craignent d'abîmer leurs jolies toilettes... Quelques gouttes de pluie commencent à tomber, elles hâtent le pas pour rentrer chez elles.

« Un coup de tonnerre, lancé par le *Samisen* et les tambours, se fait entendre et annonce une averse terrible. Alors nos quatre danseuses saisissent à pleines mains leurs robes qu'elles relèvent d'un seul coup jusque sous leurs bras, et, se retournant subitement, elles se mettent à courir, nous montrant une rangée de petits.....
« visages » effrayés se sauvant à toutes jambes. »

Que de pantomimes où l'Ombrelle doit

prendre dans les mains des charmantes *Geishas* les postures les plus séduisantes !

« Chez les Arabes, le Parasol était une marque de distinction (nous apprend M. O. S., le rapporteur anglais d'une commission qui publia une petite notice sur les *Umbrellas, Parasols and Walkingsticks*, à Londres, vers 1871). Il a la même importance chez certains peuples nègres de l'Afrique occidentale, qui l'ont probablement emprunté des Arabes. Niebuhr, dans la description du cortège de l'Iman de Sanah, nous dit que l'iman et chacun des princes de sa nombreuse famille se faisaient porter à côté d'eux un *Madalla* ou grand Parasol. C'est dans le pays un privilège des princes du sang. Le même écrivain raconte que beaucoup de chefs indépendants de l'Yémen portent des *Madallas* comme marque de leur indépendance. Au Maroc, l'empereur seul et sa famille ont le privilège du Parasol. Dans les *Voyages d'Aly bey*, nous lisons en effet : « Le cortège du sultan se composait d'une troupe de quinze à vingt cavaliers d'avant-garde ; derrière, à une centaine de pas, venait le sultan monté sur une mule, ayant à côté de lui, monté également sur une mule, un officier portant le Parasol impérial. Le Parasol est le signe distinctif du souverain du Maroc. Personne, à part lui, n'oserait en faire usage. »

Dans certaines tribus de l'Afrique centrale, des explorateurs rapportent avoir rencontré parmi les peuplades du désert des rois à demi vêtus de défroques à l'européenne, prises ou échangées on ne sait où ; et, chose étrange, au-dessus d'un vieux chapeau de soie à moitié défoncé, l'un de ces rois nègres, au dire d'un voyageur, aurait tenu avec une sorte de majesté grotesque un vieux parapluie troué dont les baleines apparaissaient à moitié brisées. Ce Robert Macaire du désert ne rappelle-t-il pas cette aimable fantaisie équatoriale du *Parnassiculet contemporain*, sonnet qui se termine par ces vers :

Qu'a-t-il donc d'étonnant, ce fils de la Havane
Qui sans toi serait mort de faim dans la savane ?
Bétani répondit : « Enfant au cœur ouvert,

Lorsqu'il se rend à bord des navires en rade,
Il a, ce sang mêlé, pour chapeau de parade
Un shako d'artilleur orné d'un pompon vert ! »

Cette fantaisie pourrait servir de thème à une dissertation sur ce sujet : Où vont les vieilles défroques, — où sont nos vieux parapluies ? — Il y aurait là une ballade pleine de couleur pour un Villon de ce temps.

Pour revenir en France, plusieurs
écrivains, romanciers ou auteurs dramatiques, ayant plus grand souci de l'éclat
de la mise en scène que de la vérité
historique absolue, ont présenté des
chasses du temps de Henri II et
Henri III, dans lesquelles les
nobles chasseresses se lancent à
la suite du cerf sur des chevaux
magnifiquement harnachés, tenant en
mains des Ombrelles sexangulaires fran-
gées d'or et enrichies de perles.

On trouve, à vrai dire, mention du
Parasol dans la *Description de l'Isle
des Hermaphrodites*; mais il était alors fort
rare en France et qui plus est très lourd et
destiné à un tel cérémonial, qu'un fort laquais devait avoir
déjà grand'peine à le maintenir. De là à placer de légères
ombrelles de soie entre les mignonnes mains des « belles
et honnestes dames » de ce temps, surtout pour une chasse
à courre sous bois, il y a, ce nous semble, une différence
que le bon sens seul, à défaut de science historique, suffit
amplement à signaler.

Le Parasol était encore fort peu connu en France, même
dans la seconde moitié du xvie siècle. Il est assuré que,
comme l'*Éventail*, et autres objets tant en faveur auprès de
Catherine de Médicis, il fut apporté chez nous d'Italie.

Henri Estienne, dans ses *Dialogues du nouveau langage françois italianizé,* 1578, fait dire à l'un de ses interlocuteurs du nom de Celtophile : « ... Et à propos de pavillon, avez-vous jamais veu ce que portent ou font porter par les champs quelques seigneurs en Hespagne ou en Italie, pour se défendre non pas tant des mouches que du soleil? — Cela est soutenu d'un baston et tellement faict, qu'estant ployé et tenant bien peu de place, quand ce vient qu'on en a besoin, on l'a incontinent ouvert et estendu en rond, jusqu'à pouvoir couvrir trois ou quatre personnes. » — Et Philausone répond : « Je n'en ai jamais veu : mais j'en ay bien ouy parler, et si nos dames les leur voyoient porter, peut-estre qu'elles les voudroient taxer de trop grande délicatesse. »

En Italie, il est peu probable que depuis les Romains les habitants des classes élevées aient désappris l'agréable usage des Parasols. La plupart des voyageurs le signalent à toutes les époques, et, dans les *Mystères italiens* joués aux xivᵉ et xvᵉ siècles, il est presque assuré qu'au moment où l'on représentait naïvement le déluge, Dieu le père se promenait et déclamait sur le théâtre un Parapluie à la main.

Dans le *Journal et voyage de Montaigne* en Italie, le bon philosophe, qui nous apprend si peu de chose en dehors des ravages que fait la gravelle en sa vessie, daigne cependant constater que le suprême bon goût pour les femmes de la

ville de Lucques était d'avoir sans cesse un
Parasol à la main.

« Nulle saison (dit encore ailleurs le charmant épicurien des *Essais*) m'est ennemie que le
chaud aigre d'un soleil, car les *Ombrelles* de
quoi, depuis les anciens Romains, l'Italie se
sert, chargent plus les bras qu'ils ne déchargent
la tête. »

De même Thomas Corryat, un touriste anglais de ce temps-là, dans ses *Crudities* (1611),
parle des Parasols italiens après avoir signalé
la présence des Éventails dans les villes par-
courues : « Beaucoup d'Italiens, dit-il, portent
d'autres belles choses de bien plus grand prix
qui coûtent au moins un ducat (environ sept
francs), et qu'ils appellent communément en
latin *Umbrellæ,* c'est-à-dire des objets qui font
de l'ombre, destinés à les abriter des ardeurs du
soleil. — Ces objets sont faits de peau, c'est
quelque chose qui répond pour la forme à un
petit dais et est pourvu à l'intérieur de divers
petits appareils de bois servant à étendre l'*umbrella* dans une dimension assez grande. Ce
sont surtout les cavaliers qui s'en servent ; ils
les tiennent à la main quand ils sont à cheval,
fixant l'extrémité du manche à une de leurs
cuisses ; ils en reçoivent une ombre si grande
qu'elle garantit les parties supérieures de leur
corps des atteintes du soleil. »

Fabri, dans son utile et remarquable ouvrage. *Diversarum Nationum ornatus* (additio). confirme ce fait, dès 1593, en prenant soin de représenter un noble Italien voyageant à cheval avec un Parasol à la main : « *Nobilis Italus ruri ambulans tempore æstatis.* »

Quelle variété ce simple détail, plus propagé ou plutôt mieux vulgarisé parmi nos romanciers, eût jetée dans les grands romans d'aventures! — On eût vu cette Ombrelle protectrice signalant de loin, par sa couleur et sa forme élevée, la présence du riche voyageur à détrousser dans les montagnes de la Toscane, alors que les brigands du temps faisaient le guet dans les replis des rochers; puis nous aurions vu sûrement, dans des récits passionnants des combats héroïques, le Parasol bouclier, déjà troué, déchiré en lambeaux, mais servant encore à parer victorieusement les coups des féroces coupe-jarrets et des tireurs de laine !

Et que de titres ronflants et imprévus dont nous sommes privés par le fait de cette ignorance : *les Chevaliers de l'Ombrelle,* — *le Parasol héroïque,* — *le Courrier d'État* ou *l'Ombrelle reconquise !*..... — Qui sait encore!

L'Arsenal, ancien hôtel de Sully, conserva pendant longtemps l'un de ces parasols que les bibliothécaires nommaient le *Pepin de Henri IV*. Il était fort grand et entièrement recouvert de soie bleue semée de longues fleurs de lis d'or très précieuses. Ce Parasol ministériel ou royal aurait été égaré, et nous le mentionnons d'après la peinture que nous en a faite le savant bibliophile Jacob.

Daniel de Foë, qui écrivait son *Robinson Crusoé* vers 1718, fut un des premiers à parler du Parasol, en Angleterre, d'une manière un peu longue. Avant lui, comme on le verra plus loin, on n'avait fait que de nommer très sommairement cet objet dans des ouvrages. Il est resté si bien dans toutes nos imaginations d'hommes, enfants d'hier, ce grand Parasol de Robinson alors qu'il découvrait avec une joie mêlée d'inquiétude, des traces de pieds humains sur le sable dans ses promenades entre son chien et *Vendredi*, le bon nègre; il se présente encore si nettement dans nos premiers souvenirs littéraires, que nous devons reproduire le passage du journal où il est mentionné :

« Un autre travail, dit Robinson, qui me demanda beaucoup de temps et de peines fut la fabrication d'un Parasol. Le besoin que j'en avais m'en faisait désirer un depuis fort longtemps, et j'en avais vu jadis faire au Brésil, où cet instrument rend de très grands services à cause de l'extrême chaleur du climat. — Or, dans mon île, il faisait tout aussi chaud qu'au Brésil, et même plus chaud; d'ailleurs, comme j'étais obligé de sortir beaucoup, mon Parasol devait me servir au moins autant contre

la pluie que contre le soleil. Je me donnai donc une peine énorme pour le faire et fus longtemps avant d'arriver à un résultat passable. A deux ou trois reprises différentes, lorsque je croyais avoir atteint le but, je fus obligé de tout recommencer parce que je reconnaissais que ce n'était pas là ce qu'il me fallait. A la fin cependant je vins à bout de faire quelque chose de supportable; la grande difficulté avait été de disposer le Parasol de manière qu'il pût se fermer, car un instrument qu'il fallait toujours laisser ouvert était fort incommode. Cependant, comme je viens de le dire, je trouvai enfin moyen d'en faire un tel que je le désirais : je le couvris de peaux, le poil en dehors, sur lesquelles la pluie glissait comme sur un toit. En outre, il me garantissait si bien du soleil, que je pouvais sortir par les plus grandes chaleurs sans être plus incommodé que je ne l'étais autrefois par le temps le plus frais. Lorsque je ne voulais pas me servir de mon Parasol, je pouvais le fermer et le porter sous mon bras. »

Et ce Parasol, depuis un siècle et demi, a été popularisé par la gravure, avec son dôme de poil et sa facture rustique : aussi tous les pauvres petits emprisonnés du collège rêvent souvent, en l'invoquant, de le porter dans une île déserte, car il représente à leurs yeux la vie du plein air et de la liberté.

Avant Daniel de Foë. Ben-Johnson avait déjà
fait mention du Parasol en Angleterre dans une
comédie jouée en 1616, et Drayton, envoyant
des colombes à sa maîtresse, en 1620, — déli-
cieuse fantaisie d'amoureux — formulait dans
ses vers passionnés le souhait suivant : « *Puis-
sent-elles, les blanches tourterelles que voici,
ainsi que des Parasols, vous abriter de leurs
ailes pour toute sorte de temps.* »

Dans la relation de son *Voyage en France*,
en 1675, Locke, parlant des Ombrelles, dit :
« Ce sont de petits ustensiles fort légers que les
femmes emploient ici pour se garantir du soleil
et dont l'usage nous semble très commode. » —
Par la suite, les « ladies » voulurent posséder
ces jolis Parasols, quoique, en raison de leur
climat, ces objets ne pussent guère leur être
utiles. Ce ne fut cependant qu'au xviii⁰ siècle
qu'un industriel de Londres s'avisa d'inventer
des Ombrelles-Éventails, près desquelles nos
marquises pliantes n'étaient rien, paraît-il. Cet
ingénieux fabricant fit une fortune considérable ;
mais, s'il faut en croire l'*Improvisateur françois*, cette invention fut vivement imitée et très
perfectionnée à Paris. — Que ne s'est-elle con-
servée jusqu'à nos jours !

Mais demeurons au xvii⁰ siècle et restons un
instant en France, où le Parasol n'était guère
en usage qu'à la cour auprès de quelques dames.
Les hommes ne s'en servaient jamais pour se

préserver de la pluie, — la cape et l'épée étaient encore seules à la mode.

Ménage nous raconte, dans son *Ménagiana*, qu'étant avec M. de Beautru, vers 1685, par une pluie battante, à la porte de l'Hôtel de Bourgogne, survint un gentilhomme gascon sans manteau et très mouillé; le Gascon, voyant qu'on le regardait, s'écria : « Je gage que mes gens ont oublié de me donner mon manteau. » A quoi M. de Beautru répliqua vivement : « Je me mets de moitié avec vous. »

L'Ombrelle de soie proprement dite apparut cependant entre les mains de femmes de qualité, à la promenade, au Cours ou dans les grandes allées du parc royal de Versailles, vers le milieu du règne de Louis XIV. Le Parapluie de ce temps était un meuble assez grossier et étonnamment lourd, qu'il était quelque peu ridicule de tenir à la main. En 1622, c'était en quelque manière une nouveauté à Paris, puisque dans les *Questions tabariniques* citées par l'utile fureteur Édouard Fournier dans *le Vieux et le Neuf*, on en parle ainsi à propos du feutre fameux de Tabarin :

« Ce fut de ce chapeau qu'on tira l'invention des Parasols, qui sont maintenant si communs en France qu'on ne les appellera plus Parasols, mais *Parapluyes* et *Garde-Collet*, car on s'en sert aussi bien en hyver contre les pluyes qu'en esté contre le soleil. »

La plus ancienne gravure ou image *documentaire* des mœurs françaises dans laquelle nous voyions un Parasol date de 1620; c'est le frontispice d'un recueil de saint Igny : *la Noblesse françoise à l'église*.

Les Parasols, quoi qu'il en
soit, étaient encore peu usités au xvii° siècle ;
les précieuses qui, pour dire : Il pleut, s'écriaient :
Le troisième élément tombe! n'auraient pas négligé
de trouver un qualificatif aimable pour désigner
ce nécessaire inventé contre Phœbus et saint
Médard. Mais Saumaise ne nous révèle rien à ce
sujet, et on serait presque tenté de croire que les *Phila-
mintes* et les *Calpurnies* n'attachaient point d'importance à ce « rustique et mobile Pavillon. » — Ce qui est
démontré par les estampes anciennes, c'est l'emploi du
Parasol en forme de petit dais rond, que les dames de
qualité se faisaient porter par leurs valets à la promenade, dans les jardins à la Le Nôtre des demeures
seigneuriales, alors que les gentilshommes marchaient
devant, drapés dans la cape et le feutre incliné sur
l'œil.

Les Parasols étaient alors de fabrication si grossière et leur poids les rendait si peu portatifs qu'ils ne
pouvaient guère être utilisés aisément par les bourgeois ; on ne les trouve dans aucune de ces très
curieuses gravures qui donnent une idée confuse du
grouillement et des rassemblements de la rue sous
Louis XIV; Boileau et François Colletet ne les ont pas
consignés au nombre des *Tracas* et *Embarras de Paris*,
et les *Cris de la ville* qui sont parvenus jusqu'à nous
ne nous indiquent pas qu'au xvii° siècle un « *Chand
d'pa à' puie, à' puie, à' puie!* » ait lancé sa triste mélopée
au milieu des traînardes appellations de la rue.

Cela se comprend : nous voyons qu'un Parasol, au milieu du grand siècle, pesait 1,600 grammes, que ses baleines avaient une longueur de 80 centimètres, que le manche était de chêne lourd et que cette massive carcasse était recouverte de toile cirée, de bouracan ou de gros de Tours chiné, — on maintenait un pareil meuble par un anneau de cuivre fixé à l'extrémité des baleines; — c'était labeur de portefaix que de se préserver ainsi des averses! Mieux encore; souvent ces Parasols étaient faits de paille, et, si nous en croyons le *Diary and Correspondence* d'Evelyn, vers 1650, ils affectaient, en quelque manière, la forme des cloches en métal dont on recouvrait les plats.

Au reste, c'est à peu près la forme d'Ombrelle que nous retrouvons vers 1688 entre les mains d'une femme de qualité, vêtue en habit d'été à la grecque, et dont N. Arnoult nous a conservé fidèlement l'aimable silhouette dans un joli dessin vulgarisé par la gravure. Ce Parasol a l'apparence d'un champignon développé et légèrement aplati sur les bords; le velours rouge qui le couvre est divisé en côtes ou rayons par de légères cordelières d'or et le manche, assez curieusement travaillé, est semblable à celui d'une quenouille, avec des renflements et des gorges exécutés par le tourneur. Dans son ensemble, cette Ombrelle de coquette est fort gracieuse et d'une grande richesse.

Dans les œuvres littéraires les plus variées du xviiᵉ siècle, mémoires, romans, variétés, dissertations, poésies, énigmes, noëls et chansons, aucune allusion au Parasol; pénurie totale d'anecdotes; néant sur ce point. On a beau se mettre l'esprit à la torture et regarder par ce trou d'aiguille mesquin, les *Lettres* de Mᵐᵉ de Sévigné, les commérages de Tallemant, les *Conversations* de Mˡˡᵉ de Scudéry, les *Anecdotes* de Ménage, les recueils poétiques, les *Entretiens* divers, les *Mélanges,* c'est toute une bibliothèque bouleversée en pure perte, une migraine conquise sans le moindre résultat.

Dans un recueil manuscrit, écrit vers 1676, et qui relate les mémoires de Nicolas Barillon, comédien, cette phrase seule attire notre attention : « Les journées estant très chaudes, cette dame portoit soit un masque, soit un Parasol de la peau la plus précieuse. »

De ce masque ou de ce Parasol de peau précieuse aucune conclusion à tirer meilleure que celles des dictionnaires de l'anti-académiste Antoine Furetière ou du savant Richelet; on y trouve le résumé de l'idée du temps. Voici donc la définition de l'auteur des *Factums :*

Parasol, s. m., petit meuble portatif ou couverture ronde qu'on porte à la main pour défendre sa tête des grandes ardeurs du soleil; on le fait d'un rond de cuir, de taffetas, de toile cirée, etc. Il est suspendu au bout d'un bâton; on le plie ou on l'étend par le moyen de

quelques côtes de baleine
qui le soutiennent. Il sert
aussi pour se défendre de
la pluie, et alors quelques-
uns l'appellent *parapluie*.

La définition de Richelet
est presque la même. Il
ajoute cependant ces mots :
« Il n'y a que les femmes qui
portent des Parasols, et même
elles n'en portent qu'au printemps,
l'été et en automne. » — Richelet con-
fine presque au XVIIIᵉ siècle, il est vrai, puisqu'il meurt
peu de temps avant la fin du règne de Louis le Grand.
Ceci nous porte à l'aurore de la Régence, et une renais-
sance va s'opérer dans la coquetterie féminine. Nous
allons donc retrouver notre Ombrelle dans des parties
galantes, soutenue par des petits nègres à turbans; déjà
nous la voyons décorée de crépines d'or et d'effilés de
soie, rehaussée de panaches de plumes, montée sur des
bambous des Indes, couverte de soies changeantes,
enjolivée de mille et une manières, digne en un mot de
jeter une ombre discrète sur les visages roses et délicats
que Pater, Vanloo, Lancret, la Rosalba et Latour s'in-
génièrent à reproduire dans des peintures lumineuses
ou de frais pastels, dans ces tableaux enchanteurs où
sourit encore la coquetterie du passé.

Comme tous les
objets de parure
entre la main des
femmes, l'Ombrelle,
au siècle dernier, devient
presque, comme l'Éventail,
un léger et gracieux hochet
qui sert à ponctuer une expression, à arrondir un geste, à
armer une attitude à peindre la
rêverie lorsque, conduite par une
jolie main indolente, la pointe trace
de vagues dessins sur le sable. Au
souffle brûlant des déclarations amoureuses, souvent la
frêle Ombrelle s'échappe des mains d'une belle en signe
d'armistice et comme un aveu d'abandon.

Qu'elle soit ouverte et gentiment tenue au-dessus des
chevelures poudrées, ou fermée et frôlant le brocart
des jupes, c'est encore le « balancier des grâces ». Elle
fait valoir les nonchalances sur le siège rustique des
parcs, sous les envoûtements des grottes, et elle ajoute
du piquant à la mutinerie des caillettes qui se défendent
en se raillant contre de libertines attaques. En un mot,
dans les légères allégories amoureuses du siècle, elle est
digne de paraître dans ces duos amoureux de *Léandres*
et d'*Isabelles*, que Watteau souvent composa avec tant
d'art de raffinement.

Dès le milieu du xviiie siècle, le parapluie de taffetas devint de mode à Paris. Caraccioli, dans son *Dictionnaire pittoresque et sentencieux,* nous en donne le témoignage : « L'usage, dit-il, est, depuis quelque temps, de ne sortir qu'avec son parapluie et de s'incommoder à le porter sous le bras.— Ceux qui ne veulent pas se confondre avec le vulgaire aiment mieux courir le risque de se mouiller que d'être regardés comme gens qui vont à pied ; car le parapluie est la marque qu'on n'a pas d'équipage. » Les Parasols étaient fabriqués par les boursiers, et lorsque, par l'édit d'août 1776, les gantiers, boursiers et ceinturiers furent réunis en une communauté, on put lire dans leurs statuts un article ainsi conçu :
« Ils auront aussi seuls le droit de fabriquer et
« faire toutes sortes de Parapluies et Parasols,
« en baleine et en cuivre, brisés et non brisés,
« les garnir de leur dessus en étoffes de soye et
« en toile, faire des parapluies de toilles cirées ;
« les parasoleils garnis et enjolivés de toutes sortes
« de façons. » — D'après le *Journal du Citoyen,* publié à la Haye en 1754, le prix des Parasols brisés était alors de 15 à 22 livres la pièce, et les Parasols pour la campagne de 9 à 14 livres.

Il faut croire cependant que les petits bourgeois de Paris n'osaient encore acheter ces Parasols, puisque Bachaumont, dans les *Mémoires secrets,* à la date du 6 septembre 1769, consigne l'entreprise que voici :

« Une Compagnie vient de former un établissement digne de la ville de Sibaris; elle a obtenu un privilége exclusif pour avoir des Parasols et en fournir à ceux qui craindroient d'être incommodés du soleil pendant la traversée du Pont-Neuf. Il y aura des bureaux à chaque extrémité de ce pont, où les voluptueux petits-maîtres qui ne voudront pas gâter leur teint se pourvoieront de cette utile machine; ils la rendront au bureau de l'autre côté, ainsi alternativement, moyennant deux liards par personne. Ce projet a commencé à s'exécuter; on annonce que si cette invention réussit, on est autorisé à former de pareils bureaux dans les autres endroits de Paris, où les crânes pourraient s'affecter, tels que la place Louis XV, etc. Il y a apparence que ces profonds spéculateurs obtiendront le privilége exclusif des Parapluies. »

Cette entreprise réussit-elle? nous ne saurions le dire; ce qui est certain, c'est que plusieurs fois elle fut tentée à notre époque par des innovateurs qui ne se doutaient pas que la location des Parasols même n'était pas absolument nouvelle sous le soleil.

Un grand progrès s'était réalisé au xviiie siècle dans la fabrication des Ombrelles pour dames; les petits Parasols ordinaires devinrent d'une légèreté très grande et d'une décoration charmante. Dans un tableau de Bonaventure-Delord, qui est au Louvre, on trouve le type exact des Ombrelles coquettes du siècle dernier. Celle-ci, qui est tenue par une beauté rieuse, au milieu d'une fête champêtre, est montée sur une longue tige et le pavillon, fait de peau de daim jaune, semble avoir quatre pans; un chapeau de cuivre tourné et de très jolie forme profile son petit pignon chinois sur la verdure.

On voit également, dans la collection de Mme la baronne Gustave de Rothschild, une Ombrelle très curieuse ayant appartenu à Mme de Pompadour. Elle est en soie bleue, superbement décorée d'étonnantes miniatures chinoises sur mica et d'ornements en papier très finement découpés et appliqués sur le fond. — C'est apparemment munie d'une Ombrelle de ce genre que la jolie favorite, au moment de la fureur des bergeries, qui suivit l'apparition du conte d'*Aline* de Boufflers, se rendait sous les ombrages du Petit Trianon, à Versailles, avec ses amies pour voir traire les blanches brebis et tremper l'incarnat de ses lèvres dans la tiédeur de ce lait dont le petit abbé De Bernis (qui cueillait volontiers des madrigaux et des bouquets à Chloris), comparait la blancheur à celle de sa gorge incomparable.

Partout, dans les peintures et gravures du siècle,
nous entrevoyons ces mêmes Ombrelles légères ou ces
Parapluies qui se rapprochent de si près de ceux d'aujourd'hui. On voit les unes ou les autres dans les
*Estampes de Moreau le Jeune pour servir à l'histoire des
modes et des costumes en France*, dans le *Passage du
ruisseau*, d'après Garnier, au milieu des fêtes publiques,
aussi bien parmi le brouhaha des foules, que Moreau
nous montre dans les *Grands Carrosses de la Cour
en 1782*, que dans les petites réjouissances populaires,
comme l'*Ascension d'une Montgolfière*, d'après les gravures du temps. — L'Ombrelle pique encore d'une petite
note gaie les grands tableaux de Joseph Vernet; dans sa
vue d'Antibes et son *Port de Marseille*, le peintre a
placé entre les mains de jolies promeneuses d'adorables
petites Ombrelles roses au travers desquelles la
lumière semble filtrer dans la transparence de la
soie. Plus tard enfin, avant la royale séance du
23 juin 1789, le Parapluie joue son rôle historique dans la Révolution en protégeant Messieurs
du Tiers, laissés à la porte de l'Assemblée sous
une pluie battante, assez mal disposés à recevoir
l'ordre du Roi : « Messieurs, je vous ordonne de
vous séparer tout de suite. »

Chose curieuse : à l'heure où le Parasol était généralement adopté en France, il se trouvait encore peu connu en Angleterre et chez les peuples du Nord. A Venise même, où nous avons fait des recherches, le premier personnage qui se servit d'une Ombrelle, vers le milieu du XVIIIᵉ siècle, fut Michel Morosini, « senatore di alto rango » qui, bravant tout préjugé, apparut un jour en gondole portant une petite Ombrelle verte, non cintrée, de forme quadrangulaire, surmontée d'un petit clocheton de cuivre très délicat. Les belles Vénitiennes adoptèrent cet « indispensable » à la suite de cette manifestation du noble Michel Morosini, mais l'Ombrelle n'apparut cependant entre toutes les mains patriciennes, dans les gondoles du grand canal et sur la piazza San Marco, que vers 1760 environ.

En Angleterre, dans la première moitié du dernier siècle, le Parasol et le Parapluie étaient d'un usage très restreint; néanmoins, dans un passage du *Tattler,* Swift y fait allusion en 1760, lorsqu'il nous peint une petite couturière retroussant sa jupe et marchant à pas pressés, tandis que la pluie ruisselle sur son parapluie ciré :

The tucked up sempstress walks with hasty strides
While streams run down her oiled umbrella's sides.

D'autre part, on peut admirer à Woburn-Abbey un remarquable portrait peint vers 1730 de la duchesse de Bedford, suivie d'un petit' nègre qui tient au-dessus de sa tête un somptueux Parasol d'apparat.

Il est juste de dire que pendant les premières années du siècle dernier, on ne pouvait guère se procurer de Parapluies à Londres que dans les cafés, où ils étaient mis en réserve pour être loués aux consommateurs pendant les grosses pluies d'orage. Le premier citoyen anglais qui ait importé réellement l'usage absolu du Parapluie dans sa nation, fut sir Jonas Hanway, le fondateur de l'hôpital de la Madeleine. Cet audacieux, car il fallait de l'audace pour braver ainsi les préjugés du peuple le plus préjugiste du monde, ce téméraire eut le courage de ne plus sortir sans Parapluie dans les rues de Londres à dater de l'année 1750. Comme la plupart des innovateurs, il fut honni, conspué, bafoué, caricaturé ; il eut à essuyer dans ses promenades les quolibets et les insultes de la foule, les pierres et les bousculades des gamins ; mais il eut aussi l'honneur de triompher, et de voir peu à peu, après vingt ans de persévérance, son exemple suivi, tant et si bien que lors de sa mort, en 1786, il put constater, avec orgueil, que le parapluie, grâce à lui, était « implanté » à jamais en Angleterre à l'égal d'une impérissable institution.

Aujourd'hui, chez nos voisins d'outre-Manche, il est question d'élever une statue à sir Jonas Hanway comme un hommage publiquement rendu à un philanthrope. — On peut se

demander en quelle attitude on représentera ce paisible humanitaire, si le Parasol de bronze restera fermé dans sa dextre, ou s'il se déploiera dans toute son ampleur sur le chef de son protecteur devenu ainsi son protégé.

Vers l'époque ou mourait Jonas Hanway, Roland de la Platière écrivait dans ses *Manufactures, arts et métiers* cette observation curieuse : L'usage des Parasols est tellement établi à Lyon que non seulement toutes les femmes, mais les hommes même, ne traverseroient pas la rue sans le petit Parasol rose, blanc ou d'une autre couleur, garni d'une blonde, et que sa légèreté permet de porter sans gêne. »

Aux approches de la Révolution, le Parapluie devint populaire et servit de tente aux poissardes et autres marchandes. Alors l'on vit apparaître l'énorme Parapluie de serge rouge dans le peuple des halles et le Parapluie ordinaire entre les mains des « sans-jupons ». Dans les enthousiasmes et les révoltes des rues, le parapluie s'agite frénétiquement entre les mains des femmes du peuple, et lorsque, le 31 mai 1793, Théroigne de Méricourt s'avisa si mal à propos de prendre la défense de Brissot, au milieu d'une multitude de mégères qui criaient : « A bas les Brissotins ! » les parapluies se levèrent comme autant de glaives improvisés sur la *Liégeoise*, la frappèrent au visage, la fouettèrent de toutes parts, scandant les exclamations haineuses de « *Ah! tu es Brissotine!* » et provoquant chez la malheureuse amazone révolutionnaire la folie dont elle mourut si tristement à la Salpêtrière.

Le Parasol des Jacobins afficha un instant sa sévé-
rité vis-à-vis des bâtons noueux et des Parasols
coquets des Muscadins et Incroyables; les Merveilleuses, par contre, arborèrent des Ombrelles vapo-
reuses, comme leurs vêtements de nymphes. C'était
alors que la mode fit valoir ses droits jusqu'à ce fragile protecteur des grâces; il n'est pas d'extravagances
qui ne fussent admises, d'étoffes assez précieuses et
assez éclatantes qui n'aient été acceptées. A Tivoli, à
Coblentz, à Mousseaux, chaque beauté à la mode
déployait un luxe inusité pour la décoration de son
Ombrelle; c'étaient des verts tendres, brochés d'or, des
nuances chair avec grecques écarlates, des bleus
attendris, relevés d'argent, des cachemires ou tissus
des Indes, le tout monté sur des manches d'une
grossièreté affectée ou d'un travail exagéré de délicatesse. *Ma paole supême*, il fallait voir cela, comme
disaient nos élégants. Rien de plus coquet que ces
Parasols rayés, zébrés, bariolés, grecqués, comme
complément d'une robe à l'*Omphale*, à la *Flore*, à la
Diane, apparaissant dans un rapide wiski au-dessus
d'une redingote à la *Galatée* ou d'une tunique au
Lever de l'aurore, parmi les aigrettes, les panaches,
les touffes de rubans et tous les colifichets possibles.

Vers l'extrême fin du xviiie siècle, l'Ombrelle fut
toujours recouverte d'ailleurs des nuances les plus à
la mode et d'étoffes au dernier goût du jour. On vit
des Parasols habillés de *soupirs étouffés* et garnis de

regrets inutiles, d'autres ornés de rubans aux *soupirs de Vénus*, tandis que la mode exigea tour à tour des couleurs *entrailles de petit-maître, boue de Paris, carmélite, cuisse de puce, œil de roi, cheveux de la reine, merde d'oie, caca dauphin, Flamme d'opéra, cuisse de nymphe émue* et autres noms qui étaient les qualificatifs singuliers de nuances particulières, la fureur et l'engouement du moment.

Les petits abbés portaient le Parasol violet clair ou lilas pour rester dans le camaïeu de leur tenue générale, et aussi peut-être par ordre épiscopal. C'est ainsi que les cardinaux romains sont suivis encore dans leurs promenades par un diacre porteur d'un Parasol rouge qui fait partie comme le chapeau du bagage ordinaire des « Monsignori ».

Ce mot de « bagage », qui vient de tomber de notre plume, semblerait appeler l'attention sur le rôle de l'Ombrelle ou du Parapluie dans les voyages au siècle dernier. Le Parasol était-il considéré comme bagage indispensable avant de se mettre en expédition? Nous ne pourrions l'affirmer. L'auteur du *Voyage de Paris à Saint-Cloud par mer et par terre* écrit, avant de s'embarquer au Pont-Royal : « Je ne réservai pour porter sur moi que ma montre à réveil, mon flacon à cuvette plein d'eau *sans pareille*, mes gants, des bottes, un fouet, ma redingote, des pistolets de poche, mon manchon de renard,

mon *Parapluie de taffetas vert* et ma grande
canne vernissée. » Mais il s'agit là d'une facétie
du xviiie siècle, d'une sorte de jocrisse voyageur
qui s'encombre d'objets inutiles. Nous avons
consulté plusieurs *almanachs pour servir de
guide aux voyageurs* et contenant « un détail de
tout ce qui est nécessaire pour voyager commo-
dément, utilement et agréablement » aux envi-
rons de 1760 à 1765, nulle part le Parapluie
n'était prescrit, pas plus aux « gens de pied »
qu'aux cavaliers ; bien au contraire, le rédacteur anonyme de ces guides paraît railler par
endroits la niaiserie du touriste de Paris à
Saint-Cloud, et il ajoute qu'un voyageur bien
portant doit se contenter de bottes solides et
d'un manteau de bon drap. Une canne même,
dit-il, ne soulage souvent que l'imagination du
marcheur.

Le Parapluie-canne — qui le croirait ? — était
cependant connu dès 1758, et l'on fabriquait
déjà des Parasols très commodes dont les dimen-
sions pouvaient être réduites de façon à tenir
en poche. Un nommé Reynard annonçait en 1761
des Parasols « qui se replient sur eux-mêmes
triangulairement et deviennent de l'épaisseur et
du volume d'un chapeau à mettre sous le bras ».
Ces Parapluies étaient, paraît-il, très répandus
vers 1770 : le manche était de deux pièces réu-
nies par une vis, et les branches se repliaient au
moyen de *brisures*.

Mais n'abandonnons pas l'ordre chronologique en revenant ainsi sur nos pas, à l'exemple d'un romancier de 1840. C'est à peine si nous avons entrevu l'Ombrelle au passage tour à tour aux xvi⁰, xvii⁰ et xviii⁰ siècles, dans le décousu et la vitesse de cette causerie heurtée, en faisant sauter notre prose dans un steeple-chase de charmants dessins. Nous avons confondu parfois les deux dénominations d'*Ombrelle* et de *Parapluie* dans le mot plus général de *Parasol*; mais si nous sommes allé un peu partout, nous n'avons pas eu le loisir de nous arrêter nulle part en flâneur et en analyste. Nous voici au début de ce siècle, à l'Empire, mais la nation est casquée et le soleil d'Austerlitz ne demande pas d'Ombrelle; la femme tient le second plan à cette heure où la France ne manie plus que les hochets coûteux de la gloire, et, si nous constatons la présence du Parapluie, c'est au camp, à l'état-major général de l'armée, par quelque nuit de brouillard, où il sert d'abri au commandant en chef, qui étudie sur la carte le plan de bataille du lendemain.

L'Ombrelle se montre plus favorablement à l'heure de la paix, sous la Restauration. — Tous les journaux de modes de l'époque nous en donnent des spécimens curieux et variés dans leurs gravures sur acier, coloriées à la main, qui nous montrent, pendant ces jours d'accalmie, de langoureuses dames au milieu de décorations amusantes : soit en hiver parmi des paysages neigeux, soit en été dans un parc aux lointains profonds, sur quelque pont rustique, où les châtelaines d'alors promenaient lentement leurs rêveries romanesques. On peut suivre, dans les innombrables Moniteurs de l'élégance qui parurent de 1815 à 1830, d'année en année, de saison en saison, les variations apportées dans la décoration des petits Parasols féminins. — Regardons une seconde : voici des Ombrelles recouvertes de crêpe chiné ou de satin damassé, de soie écossaise, rayée, zébrée ou brochée; d'autres enrichies de blondes ou de dentelles, brodées de verroterie ou garnies de marabouts, de passementeries ou d'effilés de soie; la nuance à la mode est alors très claire ou très foncée, sans tons intermédiaires : blanche, jaune paille, rose ou vert myrte, marron et noir, rouge pourpre ou indigo. Mais cent pages ne nous suffiraient pas pour cataloguer ces modes de l'Ombrelle; passons outre.

L'usage du Parapluie s'étend peu à peu dans toutes les classes; déjà on le désigne dans l'argot du peuple sous les noms de : *la Mauve* (²), de *Riflard*, de *Pépin*, de *Robinson*. Les fabriques de parapluies se sont, dès

le début du siècle, propagées rapidement en
France. — Jusqu'en 1815, — cela est à peine
croyable — Paris n'a compté aucune grande
fabrique de Parasols. Mais, de 1808 à 1851 seulement, on compte plus de 103 brevets d'invention et de perfectionnements relatifs aux Parapluies et Ombrelles. Parmi les plus extravagants
brevets il nous faut citer, d'après M. Cazal :

1º Un brevet d'invention pour le Parapluie à canne
avec lunette à longue vue ;

2º Un brevet d'invention pour les Parapluies et Ombrelles à canne se renfermant dans un étui de cuivre en
forme de lunette d'approche ;

3º Un brevet d'invention pour Parapluie à canne
renfermant divers objets propres à écrire ou à d'autres
usages, et nommé *Canne universelle ;*

4º Un brevet d'invention pour des procédés de fabrication de Parapluies et d'Ombrelles qui s'ouvrent seuls,
au moyen d'un mécanisme placé dans l'intérieur du
manche ;

5º Un brevet pour un Parapluie-Canne dont le fourreau se plie à volonté pour le mettre dans sa poche.

En dépit de ces inventions géniales et gro-
tesques de Parapluies-Lunettes et de Parasols-
Cannes, nous en sommes toujours revenus au
Parapluie simple, sans mécanisme, ou au stick
léger dépourvu de toutes prétentions à garantir de la pluie. — Il y a tant de complications
dans un objet à plusieurs usages que l'esprit
français se refusera toujours à l'adopter.

Mais, sans plus parler de la technologie du
Parapluie, il nous faut conter une anecdote qui

courut tous les petits journaux de la Restauration et qui se termine en apologue : nous prendrons l'allure et le style d'alors pour narrer cette petite historiette historique, laquelle doit être intitulée : *l'Ombrelle et le Riflard.*

Par une belle après-midi d'été, le promeneur qui eût arpenté les Champs-Élysées aurait pu voir assis sur une chaise, à côté d'une jolie dame dont la situation intéressante était visible, un paisible bourgeois inventoriant l'une après l'autre toutes ses poches sans trouver la bourse dans laquelle il s'apprêtait à puiser les quelques sous que la loueuse de chaises réclamait.

Recherches infructueuses ; impossibilité de payer ; — la loueuse indignée, presque grossière, menaçait de faire esclandre, si le monsieur n'eût pris entre les mains de sa compagne une Ombrelle de soie verte à franges, montée sur roseau, et un gant jaune, et, les remettant à la loueuse irascible, ne lui eût dit : — « Il faut, madame, garder cette Ombrelle en gage et ne la remettre qu'à la personne qui vous présentera un gant semblable à celui-ci. »

Le couple se leva, gagna à petits pas la place de la Révolution, puis le boulevard de la Madeleine, lorsqu'une pluie d'orage violente survint : les fiacres étaient rares, la pluie redoublait ; il fallait chercher un gîte sous une porte cochère. Le paisible bourgeois y avait déjà conduit sa compagne quand un portier à toque de loutre vint supplier « Monsieur et Madame » d'accepter l'hospitalité dans sa loge, où un fauteuil de cuir et une chaise furent aussitôt et de très bonne grâce offerts aux deux invités : — la pluie persistant, le concierge, de plus en plus affable, prit dans un coin de sa loge-échoppe un superbe Parapluie de serge verte et l'offrit à ses hôtes, proclamant que tout chez lui était à leur service.

Le monsieur, confus, accepta avec grands remerciements le Parapluie, et, abritant l'intéressante jeune femme, qui retroussait gracieusement sa robe, ils s'aventurèrent au milieu du déluge.

.... Une heure après, un valet de pied, en livrée de haut style, remettait à l'honnête portier-savetier le précieux Riflard et quatre billets de mille, de la part du duc de Berry ; puis, s'acheminant vers les Champs-Élysées, le même valet chercha la loueuse de chaises et lui dit :

« Vous connaissez ce gant, madame? — Voilà huit sous que Monseigneur le duc de Berry m'a chargé de vous remettre pour retirer l'Ombrelle de la princesse Caroline. »

Éternelle et touchante légende de la vertu récompensée !

Sous Louis-Philippe, le Parapluie ou Riflard devint *patriarcal et constitutionnel ;* il représenta les mœurs austères et bourgeoises, symbolisa les vertus domestiques, l'ordre et l'économie. On put le mettre dans le trophée royal en sautoir avec le sceptre, et il fit partie, en quelque sorte, des armes de la milice nationale, avec les attributs de la pêche à la ligne, les lauriers culinaires et autres symboles de la vie « épicière ».

Tous les indépendants de la vie bourgeoise, bohèmes, littérateurs à tous crins et artistes chantés dans la *Rapinéide,* tous les *hirsutes* de 1830 à 1850, s'insurgèrent contre le « Pépin du bourgeois ». — Ce mot *Pépin* était alors une épi-

gramme contre Louis-Philippe, dont la tête en poire était
caricaturée et qui ne sortait guère sans son Parapluie.

L'anglomanie n'avait pas encore pénétré, comme
à l'heure actuelle, dans nos mœurs et le dandysme
de 1830, qui mettait le port de la canne à la hauteur
d'un *chic* particulier, repoussait le Parapluie comme
contraire à la véritable élégance. Le Parapluie était
paysannesque, « *vieille femme* » et « *vieux bonhomme* » ;
il ne semblait tolérable que chez celui qui avait renoncé
depuis longtemps à toutes prétentions à un charme quelconque et qui ne songeait plus à dessiner, dans la promenade, la fierté de sa silhouette de conquérant. Dans
les carrefours, sur les places publiques de Paris, le large
Parasol rouge ou lie de vin était devenu comme l'en-
seigne des chanteurs ambulants qui débitaient du Béran-
ger à la foule ; il servait d'abri aux acrobates en plein
vent. Il montait sur les tréteaux improvisés des marchands de tripoli, d'onguent universel ; jusque sur
la voiture des charlatans ; il servit plus tard
de repoussoir au casque empanaché de Man-
gin, le marchand de crayons, et c'est encore
sous un Parasol de cuivre,
vulgairement appelé
chapeau chinois,

que l'homme-orchestre faisait rage dans les cours et agitait ses grelots.

En province, les jours de marché ou de grande foire, les Parapluies s'ouvraient dans une confusion pittoresque au-dessus des éventaires et des établissements provisoires des femmes de campagne ; il y en avait de rouges, de bleus passés, de marrons déteints, de verts inexprimables ; vieux Parapluies de famille légués de génération en génération, qui protégeaient les petites marchandes rurales et apportaient un caractère particulier plein de couleur à ces marchés primitifs des petites villes.

Le Parapluie ! nous le revoyons dans nos souvenirs de collégien. Voici le Parapluie sévère et sombre du proviseur, symbole de son autorité pédante, lorsqu'il nous passait en revue dans la cour froide et humide des récréations. Voici le Riflard du pion, un Pépin célèbre, recouvert de cotonnade violacée, avec son manche à bec de corbin poli par sa main huileuse. Mais voici surtout un Parapluie acclamé, un joyeux Robinson qui nous suivait à la promenade comme la vivandière suit le régiment en marche, le Parapluie de la *Mère Soleil,* comme nous l'appelions : *la Mère Soleil !* une brave femme réjouie, coiffée d'une marmotte de foulard chiné et qui s'installait à l'ombre de sa tente improvisée, à l'heure de notre étape, pour vendre à ses *enfants* tapageurs la limonade fraîche, les fruits, les sucres d'orge et les petits pains blancs fourrés de saucisses chaudes.

Mais laissons là des souvenirs qui nous entraînent bien loin, et revenons à *l'Ombrelle* de 1830 à 1870. A ne regarder que ses transformations durant ces quarante années, il faudrait écrire un volume tout rempli de vignettes coloriées pour donner une faible idée de l'histoire que crée la mode sur un objet de coquetterie. Vers 1834, dans le journal *le Protée*, nous voyons la Mode personnifiée sous les traits d'une jeune et jolie femme visitant les plus beaux magasins de Paris ; elle ne manque pas d'aller « chez Verdier, rue Richelieu, pour les Ombrelles » et en choisit deux : l'une est une Ombrelle de toilette en armure écrue, montée sur un manche en liane d'Amérique à tête d'or et corail gravé ; l'autre est en bois de zèbre, à tête pareille, à pomme cannelée, et couverte en poult de soie vert myrte bordé d'une ligne satinée.

Franchissons des centaines de variétés intermédiaires pour voir, douze ans après, sous la seconde République, l'Ombrelle décrite par M. A. Challamel, dans son *Histoire de la Mode*. — « Dès que le moindre rayon de soleil paraissait, dit cet écrivain, les dames se munissaient, pour aller en visite ou à la promenade, de petites Ombrelles toutes blanches, ou roses, ou vertes. Quelquefois les Ombrelles, dites « Marquises », étaient entourées d'une haute dentelle,

ce qui leur donnait l'air un peu « chiffon »; ou bien, ayant la forme de petits Parapluies, les Ombrelles pouvaient servir, au besoin, contre les averses soudaines. Bientôt on vit des Ombrelles « à dispositions » bordées d'une guirlande brochée ou d'une raie satinée, soit couleur sur couleur, soit bleu ou vert sur écru, violet sur blanc ou sur soufre. »

Voilà une mode qui n'était pas d'un extrême bon goût, on en conviendra; — jusqu'à 1853 ou 1854, nous ne voyons aucune innovation digne d'exciter notre enthousiasme; ce n'est guère qu'aux premiers jours du second empire que nous pouvons remarquer un changement notable : les Ombrelles droites sont alors délaissées pour innover les Ombrelles à manche brisé, principalement pour celles que l'on faisait en satin et en moire antique bordée d'effilés ou garnies de volants; on nommait ces Ombrelles « *à la Pompadour* », et elles étaient dignes, en un certain point, de la belle qui personnifia la grâce et l'élégance délicate au xviii⁰ siècle; on les brodait au passé, or et soie, et, sur la richesse des étoffes, on jetait ou on « bouillonnait » du Chantilly, du point d'Alençon, de la guipure ou de la blonde. Les manches brisés étaient d'ivoire sculpté, de nacre ouvragée, de rhinocéros ou d'écaille. C'est de cette Ombrelle légère que les Parisiennes saluaient, au début de son règne, l'Impératrice caracolant à côté de l'Empereur, à un retour du bois, dans ces Champs-Élysées qui commençaient à s'embellir, comme tout s'embellit au renouveau des années comme au renouveau des gouvernements. — Tout dans la nature n'a-t-il pas sa chute des feuilles, après avoir eu la verdeur des éclosions? — Tout lasse, tout passe, tout casse : les hommes, les rois, les Modes et les peuples !

L'Ombrelle se trouve aujourd'hui entre toutes les mains; en ce siècle utilitaire et pratique cela devait être. Il n'est point, à l'heure actuelle, de femme ou de fille du peuple qui n'ait son Ombrelle ou son *en-tout-cas* de satin; il semble que ce soit le complément indispensable d'une toilette de promenade; et nos peintres modernes ont si bien compris cette note gracieuse du costume féminin qu'ils se garderaient bien d'oublier, dans une étude de femme faite en pleine lumière, une tête rose à la chevelure ébouriffée, sur un fond transparent d'Ombrelle japonaise; voilà de suite une œuvre exquise avec ses fraîcheurs de coloris et ses ombres discrètes tamisées sur des yeux éclatants ou une bouche rieuse. — Les dimanches et « jours fériés », dans les bousculades de la foule aux fêtes suburbaines, c'est comme un remous d'Ombrelles: tel le spectacle de ces anciens assiégeants qui se couvraient de leurs boucliers et faisaient « tortue »; ainsi, dans l'éclat du soleil d'été, dans ces grandes kermesses parisiennes : foires aux pains d'épice de Saint-Cloud ou de Vaugirard, l'Ombrelle est aussi bien sur les tréteaux que parmi les promeneurs; elle protège également la danseuse de corde et la gentille bourgeoise endimanchée qui fripe le volant de ses jupes dans les rassemblements populeux.

L'Ombrelle n'ajoute-t-elle pas des grâces nouvelles à la femme! C'est son arme du dehors qu'elle porte crânement en volontaire, soit à ses côtés, soit inclinée sur l'épaule. Elle protège sa parure en assurant son maintien, elle entoure comme d'un nimbe les charmes de son visage.

« L'Ombrelle, — écrit M. Cazal, ou plutôt Marchal dit Charles de Bussy, qui rédigea, au nom du négociant, un petit opuscule déjà cité, l'Ombrelle, comme une vapeur rosée, atténue et adoucit les contours des traits, ravive les teintes évanouies, entoure la physionomie de ses reflets diaphanes. « Il y a l'Ombrelle de la grande dame, de la jeune personne, de la bourgeoise, de la jolie lorette, de la petite ouvrière, de même qu'il y a l'Ombrelle de ville, de campagne, de jardin, de natation, de calèche, et l'Ombrelle-cravache ou de cheval. »

« Que de volumes, poursuit avec verve le même écrivain, pour décrire dans ses mille fantaisies le kaléidoscope de la pensée féminine dans son usage de l'Ombrelle! Sous sa voûte rose ou azurée, le sentiment germe, la passion couve ou éclôt : de loin, l'Ombrelle appelle et rallie à ses couleurs; de près, elle édifie l'œil curieux, déconcerte et repousse la présomption. Que de suaves sourires se sont joués sous sa corolle! Que de charmants signes de tête, que d'enivrants et magiques regards l'Ombrelle a protégés contre l'indiscrétion et la jalousie! Que d'émotions, que de drames elle a cachés de son nuage de soie! »

M. Charles Blanc, moins dithyrambique, aborde, dans *l'Art dans la parure et dans le vêtement*, le chapitre de l'Ombrelle. « Croyez-vous, dit-il, que les femmes l'ont imaginée pour préserver leur teint contre les ardeurs du soleil?... Oui, sans doute, mais que de ressources leur fournit ce besoin de jeter une pénombre sur leur visage, et combien elles en voudraient au soleil s'il ne leur donnait aucun prétexte de se défendre contre ses rayons! Dans cette œuvre d'art qui s'appelle la toilette d'une femme, l'Ombrelle joue le rôle du clair-obscur.

« Dans le jeu des couleurs, elle est comme un glacis. Dans le jeu de la lumière, elle est comme un store. »

Depuis douze ans la mode a varié, à chaque saison nouvelle, la façon et la couverture des Ombrelles. Aujourd'hui, elles deviennent artistiques en tous points, et après avoir été tour à tour en foulard moucheté et garnies de rubans ou de dentelles, après le Parasol-Canne, le Parasol rouge caroubier ou cardinal, sont survenus les taffetas écossais, les cretonnes madras, les satins Pompadour, les soies brochées. Les manches se sont ornés de porcelaines de Saxe, de Sèvres ou de Longwy, de pierreries variées, de joyaux de toutes sortes, et dans une corbeille de mariage, parmi une douzaine d'Ombrelles, on en remarquait surtout une dernièrement toute recouverte de dentelle en point avec un

dessous rose nuagé de gaze blanche, dont le manche
était en jade avec incrustations de pierres précieuses
jusqu'à la pointe extrême. Un anneau d'or diamanté
d'émeraudes et de brillants, attaché à une chaîne d'or,
servait de fermoir à ce joyau inappréciable.

Mais, dans cette manière de conférence hâtive, où
nous allons en courant de l'Ombrelle au Parapluie,
ne négligeons pas ce dernier, qu'on nomma dernièrement *paratrombe* et *paradéluge*, et que M. de Balzac,
dans le *Père Goriot*, appelle « un bâtard issu de la canne
et du cabriolet ». Le Parapluie a inspiré bien des écrivains, des vaudevillistes, des romanciers, des humo-
ristes et des poètes; on a écrit à son sujet des petites
monographies ingénieuses, des petits vers brillants, des
articles de revues très sérieux au point de vue métier;
on a rimé au Caveau et ailleurs bien des couplets sur le
Pépin et le Riflard; on a interprété à la scène
Ma femme et mon Parapluie, *le Parapluie
d'Oscar*, *le Parapluie de Damoclès*, et *le
Parapluie*, du poète D'Hervilly. Ce meuble
utile a encore inspiré le réaliste Champfleury
dans un roman joyeux intitulé : *Surtout,
n'oublie pas ton parapluie!* Partout on nous
a montré, avec des variations et des para-
phrases inouïes, le rôle social du Parapluie:
les rapprochements qu'il occasionne les
jours d'orage, le *Pépin* galamment offert
aux croqueuses de pommes en de-

tresse sous la pluie des boulevards; on nous a peint le
monsieur qui suit les dames,
muni de son Parapluie,
son arme de combat, et bien
des romans et des nouvelles
débutent par une de ces ren-
contres parisiennes, à un
coin de rue, dans une soirée
pluvieuse. On a mis en
avant, de divers côtés, l'uti-
lité de l'Ombrelle du peintre, de l'Ombrelle pour
homme dite : *bain de mer*,
on a annoté la triste mélopée
du marchand des rues, qui
traîne son cri de *parrrpluie!*

On a enfin abusé des tableaux qui représentent une
coquette ouvrière dont le vent retrousse les jupes et
fait de l'*En-cas* une véritable tulipe orageuse; mais ce
qui n'a jamais été écrit, avec l'humour qu'un tel sujet
comporte, le chef-d'œuvre qui n'a jamais été fait,
c'est la *Physiologie du Parapluie*.

Il n'est point douteux que les bibliographes vont
nous mettre sous les yeux une infime plaquette qui
affiche ce titre et qui est rédigée par « *Deux cochers
de fiacre*, » mais ce n'est là que la *fumisterie* du
Parapluie et la *Physiologie* reste entièrement à faire;
Balzac aurait trouvé là matière à une œuvre immortelle, car il y a une pointe de vérité dans cet aphorisme
fantaisiste lancé par quelque Roqueplan en détresse :
« Le Parapluie, c'est l'homme. »

Eugène Scribe a laissé sur le Parapluie un modeste quatrain, digne de sa muse d'opérette :

Ami rare et vraiment nouveau
Qui, contrairement à l'usage,
Reste à l'écart lorsqu'il fait beau
Et reparaît aux jours d'orage.

Cela vaut presque cet autre quatrain plus vieillot encore signé du bon abbé Delille :

Ce meuble précieux et souple où se déploie
Et l'art de la baleine et l'art du ver à soie,
Et dont l'aile en s'ouvrant contre l'humide affront
De l'onde pluviale abrite notre front.

Ne sont-ce pas là des vers académiques bien faits pour des Parapluies d'académiciens !

Allons aux extrêmes : Parmi les chansons populaires, nous entendons *le Parapluie*, « chansonnette trouvée dans une baleine » :

On peut chanter le Parapluie
Sur tous les airs, sur tous les tons,
Le Parapluie en cette vie
Nous sert dans mille occasions;
Abritant l'amour qui se mouille,
Il l'empêche de s'enrhumer,
Il cache aux yeux de la patrouille
Le filou qui veut opérer.
        Parrrrrrpluie!
Faites-vous donner, en *cas d'eau*,
Un solide, un bon, un très beau
        Parrrrrrpluie.
Il n'y a rien de tel contre la pluie
        Que l'parapluie!

Cette facétieuse chanson vaut bien l'ennuyeuse scie de l'heure actuelle :

> Il n'a pas d'parapluie,
> Ça va bien quand il fait beau,
> Mais quand il tombe de la pluie,
> Il est trempé jusqu'aux os....

Buguet et Gabillaud, deux chansonniers à réunir sous un même Parapluie!

Certes, il faudrait écrire une monographie physiologique de ces champignons noirs qui protègent aujourd'hui l'humanité, de même qu'il faudrait rimer le poème de la mignonne Ombrelle, cette jolie coupole rosée qui est une des coquetteries les plus charmantes de la Française.

Nous disons ce *il faudrait* avec une vague tristesse, avec le découragement qui nous fait mettre au conditionnel futur ce que nous aurions si bien voulu enfouir au prétérit. — En abordant ce travail nous sentions une insouciance joyeuse; il nous semblait, lors de l'entrée en campagne, que le but était proche et que vivement nous allions l'atteindre avec la satisfaction d'avoir créé une petite œuvre bien complète et gracieuse en son ensemble; — mais, une fois en route, furetant sans relâche dans tous les buissons littéraires où quelque Parasol pouvait être enfoui dans un repli de phrase, au milieu d'une historiette, d'une anecdote ou d'une dissertation, d'un fait quelconque, nous avons ramassé si ample moisson; la gerbe devint si grosse, si grosse, qu'il nous fut impossible de l'embrasser après en avoir coordonné les diverses parties. — Ce sont donc des épaves qui échouent ici, pauvres épaves, vestiges d'un projet qui, comme tous les projets, devint homérique en grandissant, dans le travail de l'imagination.

Nous terminons donc cet *Essai* avec le sentiment d'un ridicule dont nous nous raillons en nous-même, celui d'avoir rêvé une monographie parfaite, et de ne mettre au jour qu'une petite fantaisie chiffonnée qui se dérobe ironiquement comme cette minuscule souris dont accouche la montagne en ses mugissements.

Qu'importe! — Il faut terminer. — Dissimulons notre mélancolique retraite en chantonnant ce dernier refrain aimable d'un poète de l'école de Clairville :

> De vains noms qu'on l'apostrophe,
> Qu'on l'appelle *Pépin, Riflard!*
> Mon Parasol est philosophe,
> Tout ça glisse sur son étoffe.
> Il sait qu'il est enfant de l'art...
> De l'art d'Avril. — Les amours mêmes
> Font leur carquois de son étui.

Le Gant

La Mitaine

De Sève inv.   Baquoy Sculp.

Le Gant

— La Mitaine —

A Mme H. de N.

E<small>H</small> bien ! — ma grande Amie, — me voici fidèle, vous le voyez, au rendez-vous convenu ; je viens gravement remplir la promesse imprudente faite, certain jour de la saison dernière, sur une plage bretonne, vous en souvient-il, en contemplant l'une de vos mignonnes mains rosées qui fouettait sa sœur d'un long gant de Suède avec certaine mutinerie rageuse qui mettait en votre allure une crânerie sauvage et exquise ?

Comment fîtes-vous, Enchanteresse, pour m'amener à cette parole loyalement donnée de vous écrire l'*Histoire du Gant ?* — Comment !... qui le saura jamais ? — Alors que deux jolis yeux vous enveloppent et vous baignent, qu'un sourire vous met du miel au cœur et qu'une petite

menotte se trouve tendue la paume ouverte,
semblant dire : « topez là »; toute volonté se
fond bien vite : le consentement monte avec
délices aux lèvres et l'on se promet déjà de
tout accorder sans vouloir même connaître
ce que l'on demandera.

Ah! pauvre Moi! — c'est le Gant de
Nessus que vous m'avez mis à la main! —
L'Histoire du Gant! mais c'est l'histoire du
monde, et je serais bien mal avisé de pré-
tendre *avoir les Gants* de cette histoire aussi
ancienne qu'universelle.

Hanté par cette dette d'honneur contractée pour
vous plaire, je fus voir dernièrement un vieux savant
de mes amis, vénérable Bénédictin — mieux qu'un
puits de science; un Océan d'indulgence — auquel
j'exposai ma folle entreprise du Gant et de la Mitaine.

Ah! que ne le vites-vous, mon Amie, tout d'abord
sauter sur son siège, me contempler avec compassion,
me scruter profondément de l'œil, et murmurer par
trois fois avec un ton d'ineffable étonnement et de
tristesse, comme s'il m'eût cru fou :

Le Gant!... le Gant!!... le Gant!!!...

« ... Et c'est le Gant, reprit-il, lorsqu'il parut plus
calme, c'est l'histoire de cette parure offensive et défen-
sive, de cet objet si complexe et dont l'origine est si
obscure et si troublante, c'est une monographie du
Gant que vous voulez faire!... — Mon cher enfant,
laissez-moi croire que vous n'avez pas réfléchi à ce que

vous vous engagiez à exécuter; laissez-moi penser que vous avez apporté plus de légèreté que de raisonnement dans la conception de cette entreprise — Le Gant!... Mais, avec l'histoire de la chaussure, c'est le plus formidable travail qu'un érudit puisse oser rêver d'exécuter. — Et tenez, soupira-t-il en tirant un volumineux manuscrit, dans la *Bibliographie des Mots*, travail colossal que j'ai commencé et que je n'achèverai jamais, hélas! je vois au mot GANT plus de quinze cents ouvrages divers, latins, grecs, italiens, allemands, espagnols, anglais ou français qui traitent de la matière; encore n'est-ce là qu'une ébauche informe. — Il faudrait envisager l'usage du Gant chez les anciens Hébreux, chez les Babyloniens, les Arméniens, les Syriens, les Phéniciens, les Sidoniens, les Parthes, les Lydiens, les Perses, les Grecs et les Romains, etc.

Il serait urgent de diviser l'ouvrage par Livres divers, subdivisés en d'innombrables Chapitres; ainsi on réserverait à l'étymologie seule *du mot Gant* dans les différents dialectes une longue notice de linguistique comparée; et il faudrait s'assurer, par exemple, si le Gant dont se servaient les jeunes filles nues qui luttaient entre elles à Lacédémone après que Lycurgue y eut installé ses lycées et ses jeux publics, si ce gant, dis-je, doit être rangé dans la catégorie des Moufles de combat ou des gantelets de cuir;... que de choses encore !

... Et, mon cher vieil ami s'emportait, s'emportait de plus en plus, élargissant sans cesse la question, comme s'il se fût agi pour lui d'une encyclopédie

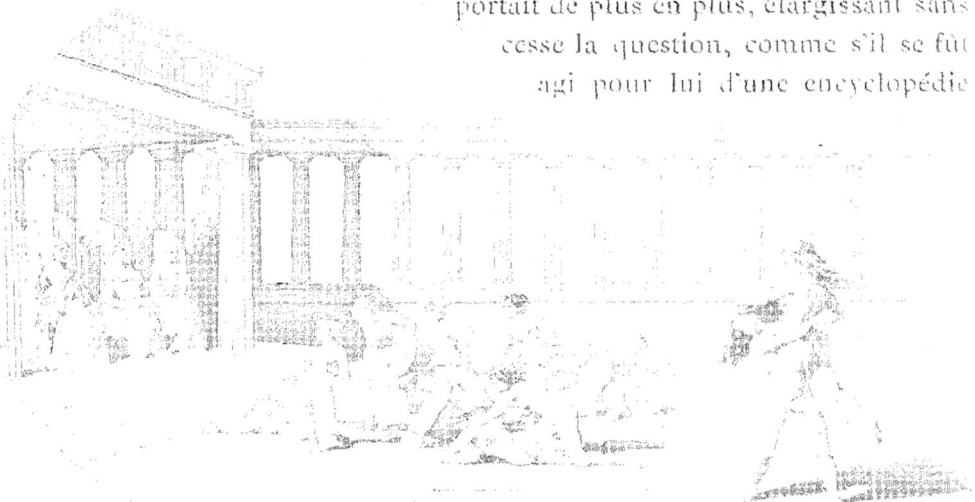

entière à établir. Diderot et d'Alembert eussent
pâli devant cette science imperturbable, qui
montrait des montagnes d'in-folio à déblayer
et des précipices d'inconnu à sonder...

« Mais, hasardai-je un peu confus, je ne
compte écrire qu'un opuscule léger, une plaquette de quelques pages, un de ces riens qu'em-
porte le vent, qui passent durant une seconde
comme une anecdote ou une historiette dans
un joli cervelet féminin ; je ne veux accorder
qu'une ligne à peine à l'étranger, effleurer inci-
demment le Gant provocateur, parler pour mémoire seulement des Gants pontificaux, négliger
le côté métier, l'art de parer les peaux, d'en ôter
les pelun et de *mettre en pompe;* je ne désire, en
un mot, que causer quelques instants, par
boutade et sans suite, sur cette partie du
vêtement que les anciens appelaient *Chirotècœ,
Gannus, Gantus, Guantus, Wanto* et *Wantus,*
si j'en crois le *Glossaire* de Du Cange. »

« Hélas ! modula tristement mon vieil ami,
cela est vrai, je radote, n'est-ce pas ? — Nous
autres de la vieille école, nous sommes les ennuyeux, les savants pluvieux ; aujourd'hui, en ce
siècle où le journalisme est à la littérature ce
que le piano est à la musique, un instrument sur
lequel chacun tapote sans conviction, ne faut-il
pas faire court et procréer vite des éternels *à peu
près,* petites dissertations légères, notices à l'esprit fouetté, passion à fleur de peau ? — Nous

étions, de notre temps, les égoïstes, les fervents
solitaires, illisibles et inlus, si vous voulez;
qu'importe! — Lorsqu'un travail avait chevillé
notre esprit, nous l'épousions en légitime amour,
tout aux joies de l'enfanture et de la paternité.
Nous voulions doter notre œuvre de toutes les
qualités qu'elle semblait pouvoir comporter, au
point qu'elle en devenait sévère et rude. — Mais
que d'inoubliables délices dans ces pistes suivies
des jours entiers avant de pousser le joyeux
Eurêka! — que d'ivresses intimes dans cette cou-
vaison lente, dans ce labeur patient! — que de
minutieuses investigations avant de résoudre
une solution historique! — Nous étions les
chauvins de l'érudition nationale, et estimions
qu'une œuvre suffit à un homme lorsqu'il l'a
nourrie de sa vie, de ses veilles, de son cœur
même, de toute sa tendresse d'ouvrier créateur. .

« Je voudrais, continua-t-il, avoir vingt ans
pour chevaucher un dada qui me ferait faire des
étapes de dix, quinze, trente années sur un ouvrage épineux, et des courses aventureuses adorables à travers les grandes routes et les sentiers couverts de la science. Je ferais les folies
du docteur Faust pour revenir à l'âge des premières amours bibliographiques qui ont l'avenir lumineusement ouvert devant elles — et ce
Gant que vous dédaignez, — mon jeune et cher
ami, — ce Gant que vous rapetissez à un idéal
de poupée, ce Gant, je le relèverais avec force,

je m'en empare-
rais et j'irais, détalant
comme un chat, me blot-
tir en sa compagnie dans
ma tanière de savant, afin
de le flairer longuement,
de l'étudier et de l'analyser
chaque jour davantage, jusqu'à en tirer enfin un ouvrage
sérieux et durable. »

« Ce Gant ne serait pas
lancé au public comme un
de ces défis qui rappellent
trop le célèbre Gant que
Charles V envoya porter à
Westminster par un simple
valet de cuisine, — ce qui
accentuait l'outrage fait au
roi d'Angleterre, — il serait plus
amoureusement jeté, comme
dans nos anciens romans de che-
valerie, *le Roman de la Rose*, du *Rou*
ou de *Perceforet*. Si j'avais vingt ans,
j'agirais vis-à-vis du lecteur comme
Pétrarque vis-à-vis de Laure, en ne lui
demandant que la faveur de relever le
Gant, et je lui dirais plus tard à la
façon de Marot, poétiquement, en
offrant mon œuvre :

Et recevoir veuillez aussi les gants
Que de bon cœur vous transmets pour l'estreine.

« Et alors je parlerais de ces Mitaines que Xénophon reproche aux
Perses dégénérés, de ces Doigtiers romains employés à la cueillette des
olives, et même de ce glouton nommé Pithyllus, lequel poussait la
délicatesse jusqu'à se ganter la langue d'un étui de peau. »

Le bon vieillard, tout allumé par l'enthousiasme, était métamorphosé : il semblait vouloir faire à lui seul cette histoire du Gant, sur laquelle il brodait de prime-saut les fantaisies et les anecdotes les plus variées que lui fournissait sa prodigieuse mémoire. — Après avoir distingué, au moyen âge, plusieurs espèces de Gants, tels que le Gant *usuel*, le Gant du *fauconnier*, le Gant de l'*ouvrier*, le Gant *féminin*, le Gant *militaire*, le Gant *seigneurial* et le Gant *liturgique*, il abordait avec une verve qui tenait de la *furia* le rôle du Gant des chevaliers et hommes d'armes dans les héroïques batailles d'autrefois, à cette heure où la bravoure individuelle pouvait encore se faire jour; il citait les *Chroniques* de Du Guesclin et de Guigneville :

Et riche bacinet li fist on aporter
Gants à broche de fer qui sont au redouter.

Il me démontrait, ayant recours à sa seule érudition, la transformation de ces gantelets de fer, d'abord en mailles comme la cotte, puis en lamelles mobiles de fer plat, de manière à se prêter au mouvement de la main; il m'expliquait la doublure où la paume était en cuir ou en étoffe, et enfin, exhumant des ordonnances de 1311, il me faisait pénétrer dans les détails de la fabrication :

« Que nul ne face gans de plates, que les plates ne soient étamées ou vernicilées, et pourbatues et ne soient couvertes de cuir noir, de cuir rouge ou de Samit, et qu'il y ait sous chascune teste de clou un rivet d'or. »

Ah ! — ma belle Amie, — si vous eussiez pu voir ce curieux si subitement épris de mon sujet, vous m'eussiez regardé en pitié, car je faisais petite mine devant ce doyen, et me sentais pris de couardise soudaine devant le simple énoncé des formidables recherches à opérer.

Je pris humblement congé de mon maître savantissime, humilié, terrassé par ces connaissances, cette ferveur laborieuse, cette foi puissante, cette volonté opiniâtre. — Je vis qu'en vous donnant ma parole pour un pauvre Gant, je l'avais donnée au Diable, qui me montrait ce Gant de peau de chagrin immense enserrant le monde et l'histoire : fantastique comme un cauchemar qui m'oppressait. Alors je me jurai bien de faire la part du feu, de ne pas bâtir une cathédrale là où un simple coussin à vos pieds me suffit pour bavarder à tort et à travers. — Accueillez donc favorablement cet acte de contrition et qu'il me soit beaucoup pardonné si, à propos de Gant, je bondis follement comme un jeune chevreau, sans pitié pour l'histoire du costume et les documents historiques que je foule aux pieds, plutôt que de me voir enfoui sous leurs liasses pyramidales.

Ce que mon vieil ami eût peut-être négligé, c'est la *Légende,* et j'y cours.

Un poète charmeur et charmant, Jean Godard, Parisien, qui fut le digne émule de Ronsard, publia vers 1580 une pièce intitulée *Le Gant.*

Ce spirituel nourrisson des muses prétend
nous montrer l'origine du Gant dans la passion
brûlante que Vénus nourrissait pour Adonis ;
or, selon notre poète :

Toujours estoit aux champs le gentil Adonis,
Ou bien chassant le cerf à la teste branchue
Ou le grondant sanglier armé de dent crochue.
Vénus, qui dans le sin brusloit de son amour
Ne le pouvoit laisser ny la nuit ny le jour,
Courant toujours après ses beaux yeux et sa face,
Et fust-ce mesmement qu'il allast à la chasse,
Qu'il allast à la chasse au profond des forests,
Qui sont pleines d'horreur, pour y tendre ses rets.
Un jour elle l'y suit — brassant à l'estourdie
Des espineux halliers : une ronce hardie
Luy vint piquer la main, dont s'escoula du sang,
Lequel, depuis germé dans le fertile flanc
De la mère commune, a donné la naissance
A la rose au teint vif, qui lui doit son essence.
Tout depuis ce temps là, la fille de la mer,
Vénus au front riant, sa main voulut armer
Contre chardons et ronces, et piquantes espines.
Elle fit coudre, adonc de leurs esguiles fines
Aux Grâces au nud corps, un cuir à la façon
De ses mains, pour après les y mettre en prison.
Les trois Charites, sœurs à la flottante tresse,
En usèrent après ainsi que leur Maistresse.
Voilà comment Vénus nous inventa les Gands,
Lesquels furent depuis communs à toutes gens,
Non pas du premier coup : Les seules damoiselles
Long espace de temps en portèrent comme elles.
Depuis, les puissants Roys s'en servirent ainsi,
Et puis toute leur court, puis tout le peuple aussi.

Charmante dans sa naïveté, n'est-il pas vrai,
ma mignonne Amie, cette fable qui donne au
Gant une même origine que celle de la rose !

L'usage des Gants était très répandu au moyen âge. Ils recouvraient entièrement le poignet, même chez les femmes. « Les Gants des bourgeois, dit M. Charles Louandre, étaient en basane, en peau de cerf, ou en fourrure ; ceux des évêques étaient faits au crochet, en soie avec fil d'or, ceux des simples prêtres étaient en cuir noir. — Mais ce qui vous surprendra c'est que, contrairement à ce qui se fait aujourd'hui, il était absolument défendu de paraître ganté devant les grands personnages.

Dans un manuscrit publié dernièrement, *le Dit des Merciers,* on voit un marchand s'écrier d'un air engageant :

> J'ai les mignottes ceinturètes
> J'ai beaux gants à Damoiselètes...
> J'ai gants forrés, doubles et sangles
> Que je vent à ces gentix fames...

Mais qu'étaient ces gants fourrés pour gentilles femmes à côté de ceux que les belles Vénitiennes montraient, les jours de grandes cérémonies, lorsque le Doge s'apprêtait à monter sur *le Bucentaure* pour aller épouser la mer. C'était, d'après M. Feuillet de Conches, des gants de soie à broderies merveilleuses, où l'or et les perles se relevaient en bosse ; il y en avait de dentelles, d'une incomparable richesse, bien dignes d'être offerts en cadeau et de figurer au budget des honnêtes *Paraguantes*. Mais les plus prodigieux étaient des Gants de peau à peintures comme les gouaches des éventails.

C'étaient des paysages, des bergeries, des scènes galantes à ravir, des miniatures hors de prix. — On a bien vu, observe M. Feuillet de Conches, des talons de souliers de petits-maîtres décorés par Watteau ou par Parrocel.

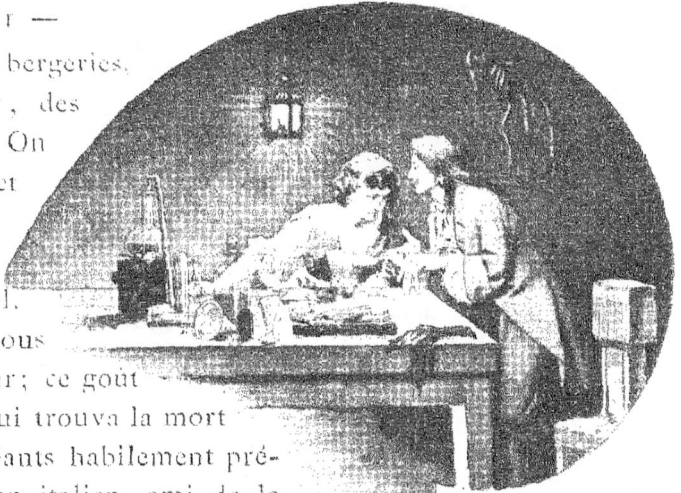

Les Valois raffolaient, vous le savez, des Gants de senteur ; ce goût fut fatal à Jeanne d'Albret, qui trouva la mort en essayant une paire de Gants habilement préparés par quelque charlatan italien, ami de la sombre Catherine. — Songez, mon Amie, qu'avec mon instinct romanesque et mon tempérament amoureux de dramatique, je pourrais trouver ici une facile transition et vous parler dans de longues phrases émues des exploits de la marquise de Brinvilliers et du farouche Gaudin de Sainte-Croix, vous montrer les sinistres empoisonneurs préparant la nuit leur ganterie infâme ; puis, dans un conte fantastique comme l'*Olivier Brusson* d'Hoffmann, évoquer le procès célèbre de la marquise, la question, les supplices variés, la chambre ardente, jusqu'au bûcher final. Tout cela à propos du Gant ; — qui sait si cette simple histoire ne vaudrait pas mieux que tous les coq-à-l'âne que je vais vous faire forcément sur le Gant et les Mitaines ? — A vous dire vrai, j'aimerais mieux, vis-à-vis de vous, me montrer romancier qu'historien, car j'aurais l'assurance d'être moins ennuyeux, plus personnel et surtout, l'avouerai-je, aucunement banal. — Mais, a dit Miguel de Cervantes, « nos désirs sont des domestiques extrêmement séditieux » ; je serai donc réactionnaire et fermerai la porte à ces socialistes du sentiment.

Et tenez, tout ce phœbus me fait songer à vous donner lecture d'une lettre d'Antonio Perez adressée à lady Riche, sœur de lord Essex, laquelle lui avait demandé des Gants de chien :

« J'ai ressenti tant d'affliction, écrit-il, de n'avoir pas sous la main les Gants de chien désirés par Votre Seigneurie, qu'en attendant l'arrivée de ceux qu'elle a demandés, je me suis résolu à écorcher un peu de peau de la plus délicate partie de moi-même, si tant est qu'il se puisse rencontrer de la place délicate sur chose aussi rustique que ma personne. Enfin, l'amour et le dévouement au service de sa dame peuvent faire qu'on s'écorche pour elle, et que de sa propre peau on lui fasse des Gants. — Mais saurai-je m'en prévaloir auprès de Votre Seigneurie, quand c'est chez moi une habitude de m'écorcher l'âme pour ceux que j'aime ? Et si la mienne se pouvait voir aussi bien que mon corps, on verrait l'âme la plus déchirée, la chose la plus lamentable du monde ; — les Gants sont de chien, madame, et pourtant ils sont de moi, car je me tiens pour chien, et je supplie Votre Seigneurie de me tenir pour tel, par ma foi comme par ma passion à son service. »

Que pensez-vous de ce fieffé galant, de ce « mourant » passionné ? — Voilà, il me semble, à propos de Gants de senteur, un gentilhomme castillan qui se connaît à merveille en l'art délicat d'en offrir aux dames.

On reprochait aux Gants d'Espagne de sentir trop fort, nos dames souffraient étrangement de cette odeur trop capiteuse : Antonio Perez eût certes été bon Gantier parfumeur, — discret en ses parfums, distingué dans sa forme.

Les Gants les plus en vogue dès le temps de la Fronde étaient les Gants de Rome, de Grenoble, de Blois, d'Esla et de Paris. M. de Chanteloup chargeait le Poussin de lui acheter des Gants romains et celui-ci lui écrivait, le 7 octobre 1646 : « Voici une douzaine de Gants, la moitié pour les hommes et la moitié pour les femmes. Ils ont coûté une demi-pistole la paire, ce qui fait dix-huit écus pour le tout. » — Le 18 octobre 1649, autre achat ; mais cette fois ce sont des Gants parfumés à la frangipane dont Poussin s'est fourni pour M. de Chanteloup ; et encore s'est-il adressé chez la signora Maddelena, « femme fameuse pour ses parfums. » — A Paris, d'après *le Livre commode des adresses* de Nicolas de Blegny — le *Bottin* de 1692, — on comptait un certain nombre de Gantiers parfumeurs, rue de l'Arbre-Sec et rue Saint-Honoré. — Il y a, dit le rédacteur de cet almanach commercial, des marchands Gantiers qui sont bien assortis ; par exemple, M. Remy, devant Saint-Méderic, en réputation pour les bons Gands de peau de cerf ; Arsan, près de l'abbaye Saint-Germain ; Richard, rue Saint-Denis, *au petit saint Jean*, renommé pour les Gands de *Cuir de poule*, et Richard, rue Galande, *au Grand Roy*, qui fait commerce de Gands de daim.

Le nom de *Gant de Cuir de poule* vous étonne, sans aucun doute ; — on disait aussi

Gant de *Canepin*; ils étaient faits à l'usage des femmes pendant l'été, mais le prétendu cuir de poule n'était que l'épiderme de la peau de chevreau ; et préparer cet épiderme était le triomphe réel des gantiers de Paris et de Rome ; on faisait, paraît-il, de ces Gants en canepin si minces que la paire pouvait être enclose sans peine en une coquille de noix.

Le Gant de cerf ou de buffle était spécial aux fauconniers : il couvrait leur main droite jusqu'à la moitié du bras, la protégeant ainsi complètement contre les griffes, ou plutôt les serres, de l'oiseau : faucon, gerfaut ou épervier, quand il venait se poser sur leur poing.

La chasse au faucon existait encore sous Louis XIII, mais ce n'était plus la grande et belle époque de ce sport artistique si profondément intéressant. — Dans une de ses légendes anciennes, André le Chapelain, sur lequel Stendhal fit une courte notice biographique, parle d'un épervier qu'il fallait conquérir, et pour cela, le Gant magique était nécessaire. — Ce Gant ne pouvait s'obtenir qu'en triomphant en champ clos des deux plus formidables champions de la chrétienté. — Il était suspendu à une colonne d'or et gardé très soigneusement. Mais quand le chevalier eut conquis par son adresse

le Gant, il vit sitôt s'abattre sur son poing le bel épervier tant convoité.

Jusqu'au siècle de Louis XIV, le Gant de peau était plutôt destiné à l'usage des hommes, et ce fut seulement sous ce prince que les Gants remontant vers le haut du bras et les Mitaines longues en filet de soie, pour faire valoir les mains de femmes, furent généralement adoptés par elles.

Les Gants *à l'occasion*, *à la Cadenet*, *à la Phyllis*, *à la frangipane*, *à la Néroli*, les Gants *du dernier fendu*, que portèrent un moment les précieuses, cessèrent d'être de mode vers 1680. L'usage dont parle Tallemant, de présenter aux dames, après la collation, des bassins de Gants d'Espagne ne fit que s'accentuer en passant de la cour à la ville.

Dangeau, dans ses *Mémoires*, a écrit un chapitre sur *l'Estiquette des Gants et le Cérémonial des Mitaines*. Je vous y renvoie sans façon.

Sous Louis XV, dans ce XVIIIe siècle si rempli de frou-frous soyeux, si enchanteur que je craindrais de m'y arrêter avec vous, sous peine de n'en plus sortir, le port des Gants devint vivement un luxe prodigieux. Toutes ces belles coquettes que vous avez vues à leur toilette ou à leur petit lever d'après Nattier,

Pater ou Moreau, entourées de leurs « filles de modes », faisaient plus grand massacre de Gants à l'heure de l'essayage que nos plus riches mondaines d'aujourd'hui. — Ces Gants étaient de peau de chevrotin, de fil et de soie ; les plus célèbres venaient de Vendôme, de Blois, de Grenoble et de Paris ; ils étaient généralement fabriqués de peau blanche, cousue à la diable, mais la coupe était gracieuse au possible, avec son revers tombant du poignet sur la main et les petits rubans et les fines rosettes de couleur incarnat qui s'entrelaçaient sur ce revers.

Les Gants cousus « à l'anglaise » étaient fort appréciés, car on répétait comme un proverbe que, pour qu'un Gant fût bon, il fallait que trois royaumes y eussent contribué : « l'Espagne pour en préparer la peau et l'assouplir, la France pour le tailler et l'Angleterre pour le coudre ».

Caraccioli prétend qu'une femme de bel air, vers le milieu du XVIIIe siècle, ne pouvait se dispenser de changer jusqu'à quatre et cinq fois de Gants par jour — « les petits-maîtres, ajoute-t-il, ne manquent pas d'avoir, dès le matin, des Gants roses ou jonquilles, parfumés par le célèbre Dulac ». — Pour les Mitaines, le même observateur du siècle les signale comme spéciales aux femmes. « Cependant, dit-il, pour l'hiver, les Mitons font des Mitaines fourrées et maintenant les hommes en portent lorsqu'ils voyagent. »

Mme de Genlis fait cette curieuse observation

dans son *Dictionnaire des Étiquettes :* « Si l'on avait quelque chose à présenter à une princesse, et que l'on eût un Gant, il fallait se déganter. »

Que d'anecdotes, que de souvenirs littéraires le Gant du xviiie siècle n'appelle-t-il pas à l'esprit!

Il vous souvient, j'en ai la certitude, de ce joli chapitre consacré par Sterne, dans son *Voyage sentimental,* à une marchande de gants chez laquelle il est entré pour demander son chemin ; la jolie gantière coquette avec l'étranger, se montre complaisante à l'extrême, et le voyageur sentimental, pour reconnaître tant de bonne grâce, demande quelques paires de Gants, en essaye beaucoup sans parvenir à en trouver une seule qui aille à sa main. Mais il n'en prend pas moins deux ou trois paires et sort.

C'est un frais tableau que cette lecture laisse dans le souvenir; un peintre anglais l'a fixé avec beaucoup de délicatesse sur une toile remarquable qui figure à la « National Gallery ». Les auteurs de *la Vie parisienne* ne s'en sont-ils point inspirés quelque peu plus tard, dans leur joyeux libretto, lorsqu'ils écrivirent les couplets si connus de la Gantière et du Brésilien ?

Permettez-moi de vous conter encore cette anecdote un peu vêtue à la légère, dont Duclos est le héros et qui sent bien son siècle coquin :

L'auteur des *Mœurs* se baignait sur les bords fleuris de la Seine et se livrait à des *coupes* savantes, lorsqu'il entendit tout à coup des cris

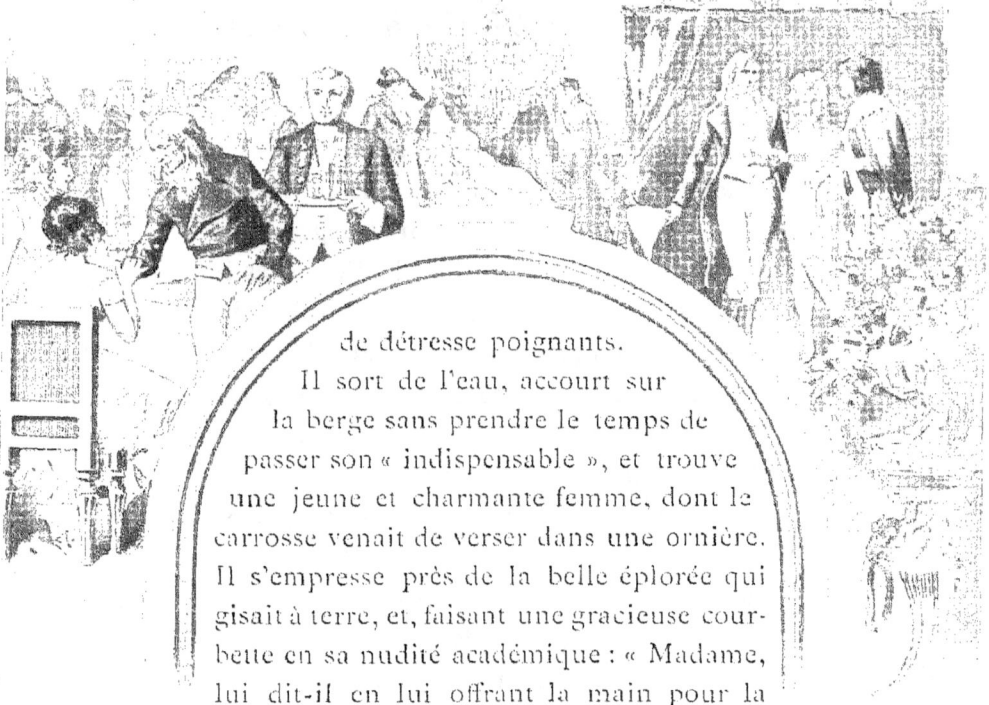

de détresse poignants.

Il sort de l'eau, accourt sur la berge sans prendre le temps de passer son « indispensable », et trouve une jeune et charmante femme, dont le carrosse venait de verser dans une ornière. Il s'empresse près de la belle éplorée qui gisait à terre, et, faisant une gracieuse courbette en sa nudité académique : « Madame, lui dit-il en lui offrant la main pour la relever, pardonnez-moi de n'avoir pas de gants. »

C'est à la fois un mot de philosophe étourdi et de sceptique railleur qui a son charme particulier. Ne croyez pas, ma tant gente Amie, que, si je demeure, en votre compagnie, si peu de temps au XVIIIᵉ siècle de la première manière, — la seule qui ait, n'est-il pas vrai, toute sa quintessence parfumée — ne croyez pas que je vais m'attarder à la Révolution et vous conduire chez Mˡˡᵉ Lange, chez Mᵐᵉ Talien, puis chez Mᵐᵉ Récamier et dans tous les salons courus de la première République, du Directoire du Consulat et de l'Empire, pour y prendre cérémonieusement la main aux Belles merveilleuses, aux Nymphes et aux Muses de ces époques tourmentées, afin de vous mieux démontrer quels Gants extravagants, quelles Mitaines prodigieuses on portait alors. Le *Journal des Dames* et tous les petits journaux de modes vous en apprendront sûrement plus sur les Gants portés par les Calypso et les Eucharis mondaines que six cents pages monotones de descriptions variées. Il n'existe pas de Musée cependant renfermant les objets d'art que la révolution marquait profondément de son sceau ; c'est ce qui me fera insister sur un modèle de Gant spécial destiné à un représentant du peuple envoyé aux armées, et dont un érudit archéologue de la Révolution, aussi bien qu'un humoriste remarquable, Champfleury veut bien me communiquer un dessin. Ce gant de peau de daim, fabriqué en gant d'ordonnance et brodé d'arabesques aux entournures du pouce, porte sur le dos de la main une vignette en forme de sceau, qui représente la liberté tenant en main la pique, le bonnet phrygien et les balances de la justice — (voilà une liberté qui n'est guère libre... de ses mouvements, direz-vous); — à droite est accroupi un lion, signe de force, à gauche un chat, en signe d'indépendance.

Je ne perdrai pas mon temps à vous paraphraser cette vignette symbolique, et par une large enjambée historique je vous conduirai dans la quiétude de quelque château, sous la Restauration; et, le soir au crépuscule, sur la terrasse, devant un grand parc, je vous montrerai deux amoureux roucoulant une sérénade, la timide jeune fille maniant la guitare, le jeune homme, très ému, mettant toute sa passion dans sa voix de baryton. — Aux mains du chanteur, voyez, en grâce ! des Gants gris perle à un seul bouton, aux petites menottes de la guitariste, examinez ces Mitaines de soie noire, treillagées en lacets, comme celles que porte, par tradition, l'héroïne de cette comédie charmante, *la Demoiselle à marier.*

Mais il me vient sur les lèvres une chanson de ce temps, que l'*Almanach des Muses* nous a léguée, sur l'air du *Petit Matelot*. Cela fouettera un peu l'allure de ce récit. — « Ça, écoutez, ma mie », comme on disait aux nobles siècles chevaleresques. — Titre de la chanson : *les Gants.*

Que j'aime le Gant qui me cache
D'un bras arrondi les attraits !
Avec quel plaisir je l'arrache,
Avec quel plaisir je le mets !
Ah ! s'il est vrai que le mystère
Ajoute au bonheur d'un amant,
Qu'une main lui doit être chère
Quand il la presse sous un Gant !

Mais il est un Gant dont l'usage
Déplaît à tous les fanfarons ;
Il est l'organe du courage,
Il est le vengeur des affronts ;
Combien de gens qu'on peut connaître
Aimeraient mieux fort prudemment
Se voir jeter par la fenêtre
Que de se voir jeter le Gant !

Les gants sont aussi très utiles
Auprès des belles et des grands ;
Leurs faveurs deviennent faciles
Lorsqu'on leur parle avec des Gants.
Ils sont encore l'arme ordinaire
Et des sots et des intrigants ;
Car de ce qu'un autre a su faire
Ils se donnent toujours les Gants.

Un dernier couplet, je vous prîe, et l'auteur, Mme Perrier, nous tirera révérence :

Au bal, celui qui veut paraître
Sans Gants ne saurait faire un pas ;

Le valet voudrait que son maître
Se mît dès Gants dans certains cas.
Pour que leurs moyens d'existence
Échappent aux yeux pénétrants,
Combien de voleurs, par prudence,
Ont le soin de porter des Gants?

Cette chanson n'est pas trop mal, en vérité, et si la Muse gante l'auteur un peu juste, le ton de ses strophes n'en est pas moins honnêtement bourgeois et comme il faut.

Sous Louis XVIII et Charles X, les Gants longs étaient très coûteux; cependant aucune coquette n'eût hésité à en changer chaque jour, car ils devaient être de la plus extrême fraîcheur : la couleur était chamois, gris de lin et blanc. Quelques années plus tard, la mode fut aux nuances maïs et paille ou noix pour le soir et la petite toilette du matin, et palissandre, pain brûlé, cèdre, chevreuil pour les visites de l'après-midi. Les Gants jaunes avaient des gammes de tons à l'infini, depuis la nuance batiste écrue douce et très distinguée jusqu'au jaune diligence très criard. Le daim blanc était seul adopté par les hommes pour monter à cheval.

Ce fut vers cette époque, si je ne m'abuse, que la dénomination de *Gant jaune* devint synonyme de dandy et de petit-maître. A Londres, des disciples de Brummel, — de l'élégance la plus raffinée, — se constituèrent en société et fondèrent le club du *Gant frangé*. Ce club n'existait plus sans doute vers 1839, lorsque d'Orsay établis-

sait ainsi despotiquement les règles du parfait gentleman :

« Un gentilhomme de la fashion anglaise, disait-il, doit employer six paires de Gants par jour :

Le matin, pour conduire le briska de chasse : Gants de peau de renne.

— A la chasse, pour courir le renard : Gants de peau de chamois.

— Pour rentrer à Londres en tilbury après une course à Richmond le matin : Gants de castor.

— Pour aller plus tard se promener à Hyde-Park, ou conduire une lady faire ses visites ou ses achats à Londres et *lui offrir la main à la descente de voiture* Gants de chevreau de couleur soutachés. —

— Pour aller dîner : Gants jaunes en peau de chien — et le soir, pour le bal ou le raout : Gants en canepin blanc brodés en soie. »

Quelle odieuse tyrannie qu'une fashion aussi exigeante ! — et que Balzac avait raison d'écrire : « Le dandysme est une hérésie de la mode ; en se faisant dandy, un homme devient un meuble de boudoir, un mannequin extrêmement ingénieux, qui peut se poser sur un cheval ou sur un canapé, qui tette habituellement le bout d'une canne, mais un être pensant..., jamais ! »

C'est cependant pour quelque dandy de l'école des Rubempré et des Rastignac que souvent, au sortir du

bal, un auteur nous montre une romanesque amoureuse, dont la jalousie mord le cœur, qui relit les lettres
d'autrefois et qui, l'œil dans le vague, comme accablée,
déchiquetant nerveusement entre ses dents un doigt de
son Gant, songe avec tristesse que l'amant qui n'est
pas tout n'est rien, et que le moraliste se trompait fort
qui écrivit : « La femme est une charmante créature qui
retire aussi facilement ses Gants que son cœur. »

Que de choses, voyez, en un Gant!

Dans *le Lion amoureux* de Frédéric Soulié, Léonce
signe sur le registre des mariages de la mairie, la main
gantée, et, lorsque vient le tour de Lise, si vous daignez
vous en souvenir, la jeune fille s'arrête, disant d'une voix
tant soit peu moqueuse : Pardon, que j'ôte mon gant.

« Léonce comprit, — dit alors l'auteur, — il avait
signé avec la main gantée. — Signer un acte de mariage
avec un Gant! — Léonce y pensa et se dit : ces gens-là
ont de certaines délicatesses. Que fait un Gant de plus
ou de moins à la sainteté d'un serment ou à la signature
d'un acte? — rien assurément, et cependant il semble qu'il
y ait plus de sincérité dans cette main nue qui appose
le seing d'un homme en témoignage de la vérité. C'est
un de ces imperceptibles sentiments dont on ne peut
se rendre un compte exact, et qui existent cependant. »

C'est qu'à la vérité le Gant n'est pas, comme on l'a dit,
un tyran dont la main est l'esclave, mais bien au contraire
le serviteur de la main, — et avec la main, ainsi que l'écrivit

Montaigne, « nous requerons, nous promettons, appelons, congédions, menaçeons, prions, supplions, nions, refusons, interrogeons, admirons, nombrons, confessons, repentons, craignons, vergoignons, doublons, instruisons, commandons, incitons, encourageons, jurons, tesmoignons, accusons, condamnons, absolvons, injurions, mesprisons, desfions, despistons, flattons, applaudissons, bénissons, humilions, mocquons, reconcilions, recommandons, exaltons, festoyons, rejouissons, complaignons, attristons, desconfortons, désespérons, estonnons, escrivons, taisons, etc. »

Je m'arrête à bout de souffle; les verbes français de toutes conjugaisons y pourraient passer.

Chez les Égyptiens, la main était symbole de force, chez les Romains symbole de fidélité. Nous nous plaisons à revêtir les puissances occultes telles que le Temps, la Nature, le Destin d'une main humaine : la main du Temps renverse les empires et imprime des rides sur nos fronts; la main de la Nature nous prodigue des largesses que nous ravit la main de la mort; la main du Destin ou de la Providence enfin nous conduit à travers les sentiers de la vie.

Vieux clichés du langage que nous employons et emploierons toujours. Ne sommes-nous pas, comme dit Saint-Évremond, entre les mains de l'amour comme les balles entre les mains des joueurs de paume — et le premier bonheur que puisse donner l'amour n'est-il pas, d'après

Stendhal — et tous les vrais sensitifs, — le premier serrement de main de la femme qu'on aime?

Nos aïeux juraient par la main et lisaient
dans la main les mystères de l'avenir. Le jour du
couronnement, la main de justice était portée
devant les rois; c'est avec la main que l'on salue;
on demande *la main* de la dame qu'on veut
épouser en légitime mariage; on se lave les mains
comme Ponce Pilate des fautes qu'on n'a pu
empêcher de commettre, et, si je devais vous faire
le panégyrique de cet organe, je devrais, comme
Schéhérazade, remettre chaque jour au lendemain
la fin de mon discours. — Un Anglais, sir Charles
Bell, a écrit sur la main les lignes suivantes, qui sont
la synthèse de tout ce que je pourrais ajouter :
« La main humaine est si admirablement for-
mée, elle possède une sensibilité si exquise, cette
sensibilité gouverne avec tant de précision tous
ses mouvements, elle répond si instantanément
aux impulsions de la volonté, qu'on serait tenté
de croire qu'elle en est elle-même le siège.
Toutes ses actions sont si énergiques, si libres,
et pourtant si délicates, qu'elle paraît avoir son
instinct à part, et qu'on ne songe ni à sa compli-
cation comme instrument ni aux relations qui
l'assujettissent à l'esprit. Nous nous servons de la
main comme nous faisons l'acte de respirer, sans
y songer; et nous avons perdu tout souvenir de
ses faibles et premiers efforts comme du lent
exercice qui l'a perfectionnée. »

La main, en un mot, est l'instrument le plus parfait que Dieu ait donné à l'homme, mais je ne dois pas oublier, ma belle Amie, que les poètes se gantent rarement et les philosophes jamais, et que, philosophant ainsi que je le fais, je demeure en dehors du Gant et parais surtout oublier cet axiome de Fontenelle : Eussions-nous la main pleine de faits probants ou de vérités, il ne faut jamais que faiblement l'entr'ouvrir.

Le Gant serait digne d'entrer à jamais dans la légende d'un conte de fée, comme la mule est entrée dans la poésie même de la fable avec le thème de *Cendrillon*. — Un ancien roi de France fut en effet amoureux toute sa vie d'une femme inconnue, pour avoir seulement aperçu son Gant au milieu d'un bal masqué donné à sa cour.

Cela ne peut-il pas aisément se concevoir, d'après cet aphorisme par à peu près : « Montrez-moi votre Gant, je vous dirai qui vous êtes. » — Au bal de l'Opéra, dans la houle des masques et des dominos, au milieu des allées et venues de ce grand escalier si vanté, il suffit d'un Gant qui emprisonne une main mignonne pour amorcer aussitôt la passion d'un délicat, — un long gant blanc, amoureusement collé sur une main divinement petite sur la finesse des attaches et les rondeurs exquises de

l'avant-bras. — Il y a là de quoi damner un fanatique de la femme.

Le Gant n'apparaît pas seulement à toutes les fêtes où président la grâce et la beauté : on le retrouve, dans toute la rudesse et la grossièreté de son origine, vers les régions polaires, chez les Norvégiens, les Lapons et les Finnois, qui portent des gros Gants de laine en été et des épais Gants de peau de renne avec poils apparents en hiver.

C'est munis de ces Gants qu'ils peuvent parfois courageusement sortir de leur hutte, en dépit des frimats qui sévissent, pour tuer l'ours blanc et le phoque, ainsi que nous les représentent les dramatiques gravures qui illustrent nos récits de voyages au pôle Nord.

Mais il me semble que votre œil m'interroge avec inquiétude sur deux petits livres reliés que je tiens à ma portée. — Rassurez-vous ; ce ne sont point des récits de touristes qui nous vont peindre les mœurs des habitants de Karasjok ou des îles Loffoten ; je vous lirai de suite, sans vous faire languir davantage, les titres. Sur l'un de ces ouvrages, voyez vous-même : *Recueil des plus beaux énigmes de ce temps*, composés sur divers sujets sérieux et enjoués par Colletet; sur l'autre : *Recueil des énigmes de ce temps*, par l'abbé Cotin. — Vous avez deviné que, sans vous prendre en traître, je compte vous lire d'anciennes charades rimées sur les Gants :

Le premier énigme — (puisque énigme était masculin au xviie siècle, en dépit de sa profonde fémininité), — ce premier énigme, en termes obscurs et ambigus, indique

que le Gant, après avoir été la couverture natu-
relle d'un animal rustique, sert aujourd'hui de
couverture artificielle à un animal plus affiné :
l'homme !

.Nous sommes deux et dix partis également,
  Qui jadis enfermoient une chose vivante ;
  Comme elle, nous vivions, mais morts présentement,
  Nous en enveloppons une plus excellente.

Cet énigme-quatrain est de François Colletet, le poète crotté jusqu'à l'échine. Écoutons
maintenant le précieux Cotin-Trissotin dans ce
singulier sixain :

De la chair des mortels nos cinq bouches sont pleines,
Et nous en jouyssons en hyver à souhait;
Si nous perdons un frère, alòrs chacun nous hait
Et nous jette en un coin au rang des choses vaines;
Sans cela, nous faisons par l'ordre des humains
Presque tout ce qu'ils font avec leurs propres mains.

Médiocre, n'est-il pas vrai, tourmenté,
ampoulé et grossier à la fois? Il n'y a pas là de
quoi nous faire tomber en extase et répéter jusqu'à satiété, ainsi que faisaient les courtisans du
dernier bon ton : « Ah! qu'en termes congrus
ces choses-là sont dites! »

J'abandonnerai de suite les énigmes. Ces deux
spécimens nous suffisent. — Autre point :

Plusieurs physiologistes affirment que les
grands hommes de guerre se sont fait remarquer par une jolie main, qu'ils aimaient peut-être
à ganter délicatement. Ils citent Cyrus, Alexandre,
César, Charlemagne, Napoléon.

D'après un historien du premier empire, des généraux, attendant un jour Bonaparte dans sa chambre, trouvèrent ses *gros gants* d'officier et son petit chapeau sur une console. Une curiosité les prit : chacun d'eux essaya à son tour le gant et le chapeau ; mais il n'y eut pas une seule main, paraît-il, qui pût entrer dans ces gros gants, et, sur ces épaules de géants, pas une seule tête qui pût remplir le petit chapeau.

Napoléon était, c'est connu, non moins fier de sa main que Byron, lequel — raconte son biographe — avait la main si petite, qu'elle cessait d'être en proportion avec son visage. Byron pensait et écrivait que rien ne caractérisait mieux la naissance que la main ; c'était presque, selon lui, l'unique indice de l'aristocratie du sang.

Depuis le xve siècle, on peut suivre, dans les musées de France, de Hollande, d'Italie, d'Espagne et d'Allemagne, l'intérêt que les peintres de toutes les écoles ont apporté dans l'étude de la main et même du Gant. Van Dyck et Rubens étaient passés maîtres en cet art, et Titien a laissé un chef-d'œuvre admirable dans son *Jeune homme au gant*. Velasquez fait presque toujours tenir à ses puissants modèles des Gants noblement plissés dans la dextre. Dans la peinture vénitienne, on voit le Gant aux mains du doge, de la dogaresse, des ambassadeurs, des sénateurs, des résidents et même des marchands. L'étude seule de ces Gants d'après ces portraits

et ces costumes ferait l'objet d'une longue brochure, car il faudrait considérer le Gant dans toutes les classes sociales et à toutes les époques, depuis les Gants brodés des doges jusqu'aux Gants spéciaux des marchands, des recteurs de l'université de Padoue et même des moines de la confrérie de la Croix, qui étaient violets sur robe blanche, etc.

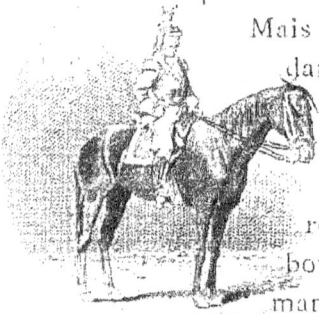

Mais ce serait folie que de ne vouloir rien omettre dans la tentative aussi prime-sautière et si peu prétentieuse de cette monographie du Gant.

N'avons-nous pas encore à considérer le Gant bourré d'escrime, à crispin de peau rouge, et le Gant géant qui enfle le poing des boxeurs? — le Gant d'ordonnance du bon Dumanet, ce Gant de filoselle blanc que le brave troupier met si volontiers le dimanche, au sortir de sa caserne, avec un geste conquérant? — N'y a-t-il pas encore le Gant du cuirassier à large crispin de buffle que ce dernier homme de fer campe si gaillardement sur sa hanche quand il est en service d'estafette?

L'histoire des Gantelets et Gants militaires depuis le moyen âge ferait un gros volume, aussi bien que le Gant féminin et le moufle de l'ouvrier. Le Gant liturgique, plus important encore, est de trois sortes : le *Gant pontifical* que prenaient les évêques et les abbés; le Gant que les simples prêtres avaient adopté pour des circonstances déterminées, et enfin le Gant prélatice : — sur les seuls *Gants pontificaux*, Monseigneur X. Barbier de Montault a trouvé moyen d'écrire dans le *Bulletin monumental* 1876-1877, près de deux cents pages de texte serré, in-8° : *Ab uno, disce.*

Voyez, je le répète, Amie aimable, en quel inextricable la-
byrinthe archéologique j'aurais pu vous
égarer, à propos de tous ces Gants mignons
dont je vous avais promis l'historique, et sur
lesquels je ne vous fais, il me semble, qu'une
vive causette à Gant fouetté. — Je n'aurais dû
mettre sur table que ce qu'y met la grâce
d'une femme : des Gants dans une flûte de cham-
pagne ou dans un chapeau de bergère, des roses
et une lettre d'amour entr'ouverte ; cette simple
nature morte eût assurément mieux inspiré ma Muse
que tous les documents réunis et empilés, bien faits pour
effrayer un esprit qui ne se complaît guère dans ces
barricades de notes et de notules. — Ah ! ma chère Belle,
combien Balzac eut raison dans son brillant et profond
Traité de la vie élégante, lorsqu'il écrivit les lignes
suivantes, que je n'avais pas suffisamment méditées
avant d'engager ma parole vis-à-vis de vous !

« L'érudit ou l'homme du monde élégant qui voudrait rechercher, à chaque époque, les costumes d'un
peuple, en ferait ainsi l'histoire la plus pittoresque et la
plus nationalement vraie..... Demander l'origine des
souliers, des aumônières, des chaperons, de la cocarde,
des paniers, des vertugadins, des *Gants,* des masques,
c'est entraîner un *modilogue* dans l'effroyable dédale
des lois somptuaires et sur tous les champs de bataille
où la civilisation a triomphé des mœurs grossières
importées en Europe par la barbarie du moyen âge.

« Les choses futiles en apparence, continue l'auteur
de la *Théorie de la démarche,* représentent ou des idées
ou des intérêts — soit le buste, soit le pied, soit la tête
— il aurait pu dire surtout, soit la main — vous verrez

toujours un progrès social, un système rétro-
grade ou quelque lutte acharnée se formuler à
l'aide d'une partie quelconque du vêtement. Tantôt la chaussure annonce un privilège, tantôt
le chapeau signale une révolution; — à une bro-
derie ou une écharpe ou quelque ornement de
paille expriment un parti. Pourquoi la toilette serait-elle donc toujours le plus éloquent
des styles, si elle n'était pas réellement tout
l'homme, l'homme avec ses opinions politiques,
l'homme avec le texte de son existence, l'homme
hieroglyphe? Aujourd'hui la *Vestignomie* est
devenue presque une branche de l'art créé par
Gall et Lavater. »

Je suis accablé, ô mon indulgente Amie! je
sens que j'ai été très au-dessous de ma tâche et
je ne crois pas même avoir eu cet art charmant
de ne rien dire, qui dit souvent tant de choses.
J'ai négligé de vous montrer le Gant dans les
Inventaires princiers, dans les vieilles chroniques, et dans ces contes tant réjouissants de
Boccace, de la reine de Navarre, de Straparole,
de Bonaventure Desperriers et même dans Bran-
tôme, qui a écrit une historiette si spirituel-
lement gauloise sur un Gant trouvé dans le lit
d'une honneste dame. J'aurais « eu belle » de
vous faire sortir le Gant anecdotique de quan-
tité de romans et mémoires depuis *le Petit Jehan
de Saintré* jusqu'à Casanova le Vénitien, en passant par *l'Histoire amoureuse des Gaules*.

Mais le naturel prime-sautier est bien aussi
une qualité française, dont on doit parfois avouer
la grâce même en reconnaissant ses défauts. J'ai
laissé l'histoire du Gant, je crois en 1840; et je
ne pense pas vous avoir dépeint tous les petits
crispins, les festons, les ruchés, les crénelures et
les dentelures qui ornaient les attaches des Gants
de ville de nos élégantes, ni les longues mitaines
noires qui accompagnaient les canezous de blonde
dont on raffolait dans ces temps modestes. Il
importe peu que je suive les modes de 1840 à nos
jours : il faudrait ne pas être femme pour ignorer
ces diverses variations d'une Mode dont tous les
spécimens reviennent périodiquement reconqué-
rir une seconde de célébrité. Gants à jour en soie
de Chine, Gants d'Espagne, Gants de castor, de
Suède, de chevreau glacé, Gants mousquetaires,
Colombine, à crispins, — que sais-je? — les qualificatifs sont innombrables; ils changent encore
plus que la Mode, car l'épithète donne un
renouveau et trompe le chaland, — à plus forte
raison tromperait-elle le *Gantuographe,* si vous
me passez ce hideux néologisme.

Ce que je n'ai pu faire, ce que vous ne m'aviez
pas demandé, ce qui, cependant vous eût inté-
ressée bien davantage que cette somnolente causerie, c'est la *Physiologie du Gant,* avec cette
épigraphe tirée d'un homme d'esprit — anonyme :
« le style, c'est l'homme ; le Gant, c'est la femme,
le style trompe quelquefois, le Gant jamais. »

Me voyez-vous lancé dans des théories historiques, philosophiques, philologiques et surtout physionomiques, dans une étude *toute à côté*?

Convenez, ma douce Somnolente, que si vous m'eussiez permis d'aborder ce rôle (qui était assurément mieux dans ma note légère), j'aurais été moins gauchement guindé, moins terne surtout, moins prétentieux encore, bien que je n'affiche ici d'autre prétention que de vous plaire. — Vous m'avez jeté le Gant sur les confins de l'histoire, c'est là que je l'ai relevé avec plus de mollesse que de crânerie.

Il m'eût été agréable que la fantaisie dictât à l'histoire, mais ici c'est tout au plus si l'histoire est parvenue à réchauffer l'aimable fantaisie qui n'a pas pris de Gants pour vilainement nous bouder tous deux.

Pardonnez! — Indulgente interlocutrice!

— Excusez aussi, Aimables lectrices, vous qui lisez cette causerie figée, et qui avez surtout moins de raisons de m'être favorables, en ce sens qu'avec vous toutes, hélas! je ne puis pas dire, comme autrefois l'on disait dans le beau monde : l'*Amitié passe le Gant*.

Le Manchon

Le Manchon

La Fourrure

E MANCHON! Ce nom seul a quelque chose de mignon, de douillet et de voluptueux. De ce petit nid tiède et satiné où les jolies petites mains frileuses se blottissent dans la soie, emportant avec elles un mouchoir de dentelle, une boîte à pastilles, un bouquet de violettes de Parme ou un tendre poulet d'amoureux, il se dégage mille riens qui nous plaisent, comme une envolée de souvenirs et de sensations caressantes du premier âge passé à la maison et des premières amours buissonnières.

Tout enfant, nous aimons à jouer avec le grand Manchon maternel, à passer les mains au rebours dans l'électricité des longs poils, à plonger notre visage dans l'odeur fauve et capiteuse du pelage, et à nous servir de ce sac fourré dans des espiègleries inconcevables, en y faisant cache-

cache avec des menus objets ou en y enfouis-
sant le chat familier qui s'accagnarde en sa tiédeur.

Puis, plus tard, à l'heure des premiers rendez-
vous, pendant les hivers « glaçonneux » que Ronsard redoutait pour sa mie, lorsque nous voyons
apparaître notre tant désirée maîtresse, envoilée et
toute encachotée de fourrures, nous devenons
presque jaloux du joli et coquet Manchon dans
lequel elle enfouit son petit nez fripon que la
brise glaciale a cinglé et rougi, et nous plongeons
alors avec une douce brutalité nos mains dans le
cylindre soyeux pour y trouver et y serrer passionné-
ment de jolis doigts paresseux que l'on va si géné-
reusement dégeler en les gantant de longs baisers.
Quand le Manchon revient d'exil avec les premiers
frimas de Novembre, il cause, dès son apparition sur
nos boulevards, une sensation très intime et très déli-
cieuse à tous les vrais *féministes*, aux « Dilettantes » de
la femme, à tous ceux-là qui perçoivent, dans leurs
nuances les plus fines, les grâces que sait faire valoir la
femme coquette ou naïve, soit qu'elle manie l'Éventail
ou l'Ombrelle, soit qu'elle retrousse un coin de jupe de
printemps, soit qu'elle passe radieuse dans une longue
pelisse fourrée,
ou que, plus
passive, elle se
laisse langou-
reusement aller
en traîneau sur la glace
du lac, œilladant à son
Darling qui patine à ses
côtés et pousse en avant
son coquet équipage. Il
semble que la femme, cette
fleur exquise et délicate,
s'épanouisse dans la fourrure comme ces blancs
gardenias de serre qui s'entr'ouvrent et se déve-
loppent dans un nid de ouate parfumée.

Plus elle cache, emmitoufle, assourdit, pour ainsi dire, sa beauté, plus la femme, créature d'enfer qui fait rêver de paradis, est ensorcelante dans la diabolicité de ses grâces. Quand l'Amour, qu'on a représenté aveugle, met un masque à Vénus-coquette, on croirait que le rusé bambin veut incendier l'univers, car derrière ces ouvertures de *loup* béantes, derrière ces meurtrières, deux yeux de femme sont à l'affût, impitoyables, tour à tour railleurs, ardents, flambants, noyés de voluptés, chargés en un mot jusqu'à mitraille de toutes les flèches du carquois cupidonien.

Ainsi, du milieu des fourrures, la femme, cette plante mignonnette, cette *mimosa pudica*, dégage une beauté plus mystérieuse, plus tiède, plus prometteuse, plus enveloppée et plus enveloppante, comme si de l'électricité de cette pelleterie il s'épandait dans l'air ambiant de la provocante fille d'Ève une sensualité attirante, comme une caresse subtile qui frôlerait nos sens au passage.

Les anciens avaient peut-être grand'raison d'attacher, comme ils le faisaient, certaines excellences et prérogatives à la fourrure : un maître fourreur, Charrier, a écrit à ce sujet, vers 1634, des remarques et considérations morales aussi naïves que curieuses. « Nos rois, écrit-il, soit qu'on les sacre ou couronne, soit qu'on les marie, se dépouillent de l'éclat des broderies et des diamants pour prendre leur manteau

royal fermé de lys et doublé de peau d'hermine.

« Les manteaux des chevaliers, des ducs et pairs de France sont doublés de loup-cervier, de martre et d'hermine; les chanceliers garde des sceaux, qui sont les gardiens de nos lois, portent les plus exquises fourrures.

« Les bacheliers et docteurs, les empereurs et médecins revestent les fourrures qui représentent les mystères de la théologie, les maximes de la politique, les secrets de la médecine. Les fourrures guérissent les maux de tête et l'intempérie de l'estomac; les gouttes qui triomphent des plus puissants remèdes sont vaincues avec des peaux de chats, d'agneaux et de lièvres. »

Enfin le bon Charrier constate avec orgueil que de tous les ornements que le luxe ait inventés, il n'en est point de si glorieux, de si auguste, de si précieux que les fourrures, et que les privilèges des marchands pelletiers surpassent à bon droit tous les autres.

En effet, les maîtres et gardes de la marchandise de pelleterie avaient pour armoiries un agneau pascal sur champ d'azur. Deux hermines soutenaient cet écu timbré de la couronne ducale avec cette devise en exergue (presque celle de la Bretagne): *Malo mori quam fœdari.*

L'usage des fourrures remonte aux origines du monde. Plutarque, en ses *Propos de table,* rapporte que les peuples s'habillaient de peaux avant la connaissance des étoffes; Tacite assure qu'il en est de même des Teutons, Properce des Romains.

> Cette cour que tu vois ores en riche parure
> Commença par des gens habillés de fourrure,

dit un poète du xviᵉ siècle. Mais sans nous attarder à la conquête de la Toison d'or, à Rebecca conseillant à Jacob de se couvrir les mains et le col de peaux, à tous les exemples de la Bible et de l'histoire, nous remarquerons seulement que les quatre fourrures nobles consacrées par la féodalité étaient : l'hermine, le vair, la zibeline et le gris. Les couleurs des fourrures admises dans les armoiries étaient celles de la zibeline, de l'hermine et du vair. Charlemagne, qui aimait, dit-on, la simplicité dans ses vêtements, avait, suivant Éginard, l'habitude de porter en été un manteau de peau de loutre ; mais en hiver il se couvrait d'un manteau dont les manches étaient fourrées en vair et en renard. C'est ce qu'indiquent les quatre vers suivants de Philippe Mousnes, le biographe poète de cet empereur.

> Et toujours en iveir siot
> A mances un nouvieil surcot
> Fourré de vair et de Goupis
> Pour garder son corps et son pis.

A l'époque des Croisades, le luxe des fourrures fut porté au plus haut degré dans l'Europe occidentale ; mais, pour demeurer absolument fixé au Manchon, il nous faut enregistrer la première apparition de ce petit fourreau vers la fin du xviᵉ siècle. Dans l'inventaire des biens laissés

par la veuve du prés
sident Nicolai, on lit :
*Item : un Manchon de velours
doublé de martre :*

A Venise cependant nous avons,
dans nos recherches, retrouvé vestige du
Manchon dès la fin du XVᵉ siècle ; les courtisanes célèbres
et les nobles dames portaient déjà des manchons qui
servaient de niche à des chiens minuscules, et une gravure
représente une scène d'intérieur où une belle Vénitienne
semble montrer à son amant les jeux infinis de ses
bichons emmanchonnés.

Il y avait à cette époque à Venise des manchons délicieux, fabriqués, selon la façon primitive, d'une seule
bande de velours, de brocard ou de soie doublée de
fourrure fine que l'on arrondissait en cylindre, et dont les
extrémités se fermaient à divers degrés de largeur par des
boutons de cristal d'Orient, de perles ou d'or.

D'Aubigné, en son *Histoire universelle*, dit au cours
du récit d'une ville assiégée : les habitants descendi-
rent trente pas de la brèche, et fut remarquée, entre les
plus avancés, une femme *avec des manchons*, une halle-
barde à la main qui se mesla et se signala en ce combat. »
Il ne faut voir ici, sous la désignation de *Manchons*, que
des demi-manches de rechange, ainsi que celles dont il

est question dans la Bibliothèque de Vauprivas, à propos
de Louize Labé. — Sous Charles IX, les simples Bourgeoises ne pouvaient porter que des manchons noirs;
seules les Dames de la plus haute condition avaient
droit à des somptueux Manchons de couleurs variées.

Dans une estampe satirique de 1634, signée Jaspar
Isac et intitulée l'Écuyer à la mode, nous voyons,
porté par une femme qui accompagne à pied un cava-
lier gascon, le premier Manchon français qui ait un
rapport direct avec celui qui est encore en usage aujour-
d'hui. C'est un fourreau d'étoffe ou de soie bordé de
chaque côté d'une épaisse fourrure blanche, qui s'élar-
git démesurément et forme boudin sur les bords. Mais
c'est parmi les précieuses gravures de Hollar, Abraham
Bosse, Arnoult, Sandrart, Bonnard et Trouvain que nous
pouvons voir naître en réalité le Manchon authentique et
le trouver aux mains de la matrone parisienne, de la
dame de qualité en habit d'hiver, de la précieuse et
de la coquette coquetant. Une gravure de Bonnard
nous montre une grande Dame, coiffée à la Fontange
et vêtue comme à la cour, sur le point de sortir; la
suivante ajuste la mante et un gentilhomme attend le
bon plaisir de la belle; le Manchon qu'elle porte était
alors de moyenne grandeur, avec nœud sur le milieu.
On prenait le Manchon par genre, « par grâce », et
il était fait de martre-zibeline pour les dames de la
Cour et simplement de peau de chien ou de chat
pour les petites bourgeoises qui ne pouvaient consa-
crer plus de quinze à vingt livres à l'acquisition de
ce léger chauffe-mains.

Antoine Furetière, dans son Dictionnaire, a con-

densé en quelques lignes tous les matériaux
d'une dissertation sur le Manchon au xviie siècle.
Au mot *Manchon*, on lit :

Fourrure qu'on porte en hiver, propre pour y mettre
ses mains, afin de les tenir chaudement. Les *Manchons*
n'étoient autrefois que pour les femmes ; aujourd'hui
les hommes en portent. Les plus beaux *Manchons* sont
faits de martre... les communs de petit-gris... Les *Manchons* de campagne des cavaliers sont faits de loutre, de
tigre. Une femme met le nez dans son *Manchon* pour se
cacher. Un petit chien de *Manchon* est un petit chien que
les dames peuvent porter dans leur *Manchon*.

Tout est résumé ici, on le voit. Saint-Jean
et Bonnard nous ont conservé les types de gentilshommes français porteurs du Manchon sous
Louis XIV. L'un, en habit d'épée, porte avec
beaucoup de grâce un petit manchon tigré qu'il
tient d'une main laissant voir par l'ouverture
abandonnée le crispin d'un gant fourré ; un autre,
en habit de cour d'hiver, maintient avec une
langueur de petit-maître un joli Manchon de
loutre très rondelet qui tombe à hauteur de hanche, laissant aux bras une courbe gracieuse ; au
milieu de ce Manchon, un vaste nœud de rubans
ou de *Galants*, quelque chose comme l'ancienne
petite oie, s'étale avec assez de bonheur. On
ne voyait guère, vers 1680, d'après le *Mer-
cure galant*, que des rubans pourfilés d'or,
passementés, frangés, tortillés, cannetillés, brodés,
qui se nouaient en nœud au-devant du Manchon.
   La Fontaine fait sans doute allusion au Manchon de campagne dont parle Furetière, lorsque,

dans la fable du *Singe* et *le Léopard,* il fait
dire à celui-ci :

>..... le roi m'a voulu voir,
> Et si je meurs il veut avoir
> Un *Manchon* de ma peau; tant elle est bigarrée,
> Pleine de taches, marquetée
> Et vergetée et mouchetée.

Quant au chien de Manchon (pour finir de
contrôler la définition de Furetière), non seulement Hollar nous en a laissé la gravure et nous
l'a présenté sous la forme d'un petit Épagneul
basset, mais encore le père Du Cerceau fait dire
à son *poète tapissier :*

> Il ne fut pas même jusqu'à Cadet (petit chien de la dame)
> Qui d'aboyer contre moi ne fit rage.
> L'ingrat Cadet à qui dans mon manchon
> J'avois tant soin de fourrer du bonbon

Le bureau des marchands pelletiers et fourreurs, au xviiᵉ siècle, se trouvait rue de la Tablet-
terie ou rue des Fourreurs, qui débouchait au
carrefour de la place aux Chats. Les boutiques
des marchands pelletiers en détail étaient presque toutes situées en la Cité, rue Saint-Jacques
de la Boucherie et rue de la Juiverie.

« On trouve en ces endroits, dit Léger, de
très beaux Manchons pour hommes et pour
femmes et des plus à la mode.... on y vend
aussi de très belles aumusses à petit-gris. Il
ajoute un mot sur les *Palatines* travaillées
proprement, composées de peaux d'animaux,
tant étrangers que du pays. — Le *Livre com-*

mode des adresses de Paris contient quelques désignations de marchands pelletiers et fourreurs vers la fin du XVII° siècle.

La Mode variait déjà beaucoup la forme du Manchon sous Louis XIV; d'après les rares documents que nous avons pu inventorier, il nous a été facile de constater de nombreuses modifications dans la forme et dans le volume. Tantôt étroit et long, tantôt large et court, il serait impossible d'assigner à ce petit meuble un type exact pour toute cette époque.

Le Manchon triomphait déjà, sous Louis XIII, à l'empire des œillades et à la place Royale, comme il devait plus tard régner à Versailles et se faire voir dans les chaises à porteurs, au milieu des allées du parc, à l'heure des visites, prêtant toujours à la femme une contenance charmante et des grâces exquises.

Scarron, en ses *Poésies diverses*, a laissé en quatre vers un joli tableau de mœurs, pour qui peut moralement le développer : le pauvre Scarron ! il n'avait certes point besoin de Manchon, sur sa chaise de cul-de-jatte :

Ma femme alors me laisse en un danger
Qu'elle devrait avec moi partager;
Prend son manchon
Et va voir quelqu'amie...

Mais laissons le siècle des grandes perruques et des fontanges et pénétrons dans le siècle de la poudre et des mouches, dans le siècle de Voltaire, qui, à propos d'un de ses personnages de *Micromégas*, écrivait :

« Figurez-vous un très petit chien de Manchon qui suivrait un capitaine des gardes du roi de Prusse. »

Une gravure de *l'Encyclopédie* nous présente fort à propos la reproduction fidèle d'une boutique de fourreur au siècle dernier. — Le jour pénètre par une large baie vitrée; tout autour de la pièce, sur des rayons, sont rangés des Manchons et des fourrures diverses; deux marchandes gentilles offrent aux clients d'énormes Manchons de petit-gris et un garçon de magasin bat, à l'aide d'une baguette, l'un de ces manteaux fourrés que l'on mettait « en pension » durant l'été pour le préserver des mites. Cette gravure, qui est un précieux document que l'on peut attribuer à Cochin, rappelle deux charmantes historiettes de Restif de la Bretonne dans ses *Contemporaines du commun :* l'une intitulée *la Jolie Fourreuse,* l'autre *la Jolie Pelletière.* — Professions disparues !

« Les fourrures, — ont écrit MM. de Goncourt dans une note très étudiée de *la Femme au* xviiie *siècle,* — furent un grand luxe de la Parisienne, au temps où la Mode était d'arriver à l'Opéra vêtue des plus superbes et des plus rares, et de les dépouiller peu à peu avec un art de coquetterie. La vogue de la martre-zibeline, de l'hermine, du petit-gris, du loup-cervier, de la loutre, est indiquée dans les *Étrennes fourrées dédiées aux jolies frileuses,* Genève, 1770. Les Manchons ont toute une histoire, depuis ceux que déconsidéra le fourreur en en fai-

sant porter un par le bourreau un jour d'exécution, — ce devaient être des *Manchons à la
jésuite,* des Manchons qui n'étaient pas en fourrure et contre lesquels une plaisanterie du com-
mencement du siècle : *Requête présentée au pape
par les maîtres fourreurs,* sollicite l'excommu-
nication, — jusqu'à ceux en poils de chèvre
d'Angora, immenses Manchons qui tombaient à
terre, jusqu'aux petits Manchons de la fin du
siècle, baptisés *petit baril,* comme la palatine était
appelée *chat.* La mode des traîneaux, alors fort
répandue, ajoutait encore à la mode des fourrures. Une eau-forte de Caylus, d'après un dessin de Coypel fait vers le milieu du siècle, nous
montre dans un traîneau posé sur des dauphins,
— un de ces traîneaux que l'on payait dix mille
écus, — une jolie dame toute habillée de fourrure, la tête coiffée d'un petit bonnet de fourrure
à aigrette, emportée dans un traîneau que conduit, hissé par derrière, un cocher costumé à la
Moscovite. A propos de fourrures, apprenons
que la *Palatine* doit sa fortune et son nom à la
duchesse d'Orléans, mère du régent, connue sous
le nom de la princesse Palatine. » .

Les palatines, que l'on faisait de renard, de
martre, de petit-gris, se portèrent fort longtemps
avec les *Polonaises* et les hongrelines. Roy,— un
poète du temps, — le même, croyons-nous, qui
fit connaissance avec la bastonnade à diverses
reprises, envoya quelques mauvais vers à une

dame au sujet de sa *palatine bleue*. *L'Almanach des Muses* de 1772 nous les a conservés; les voici :

> Portez la couleur favorite
> Que le ciel prend aux plus beaux jours,
> La couleur dont Vénus habille les amours,
> Celle qui d'un beau teint relève le mérite
> Et qu'elle-même emploie à ses atours :
> Mais à ce nœud touffu la place qu'on propose
> Est une aimable nudité;
> Pourquoi donc la couvrir? Croyez-moi, la Beauté
> Gagne au total en perdant quelque chose.

Caraccioli remarque qu'on se servait autant par élégance que par besoin des Manchons en hiver. « La forme en varie continuellement, dit-il; aujourd'hui (1768), les hommes s'en tiennent à de petits Manchons doublés de duvet et garnis de satin noir ou gris. »

Vers 1720, les Manchons pour femmes étaient très étroits et longs; les mains croisées devaient y tenir au plus juste; puis ils prirent une allure plus ample, comme celui que l'on peut voir aux mains des jolies patineuses de Lancret. Un Manchon typique de l'époque fut le Manchon d'hermine effroyablement vaste, que l'on trouve porté par les masques vénitiens de ce délicieux Pietro Longhi, qui semble avoir voulu illustrer par ses tableaux les *Mémoires* de Jacques Casanova de Seingalt. Dans les petites gravures du siècle relatives aux voyages, qui nous montrent des haltes à l'auberge ou des entassements dans des

voitures publiques, partout nous voyons le Manchon
féminin mignonnement serré contre leur taille par de
jolies aventurières. Telle est aussi la fine patineuse de
Boucher, qui passe comme une gracieuse figurine parisienne sur un fond de paysage hollandais, pelotonnée
sur elle-même, mais vaillante, semblant faire poupe de
son Manchon pour mieux fendre l'âpreté de la bise.
Mais, dans l'intimité et dans la vie privée, au
XVIIIᵉ siècle comme aujourd'hui, le Manchon pouvait
également prêter à des tableaux de genre, et les fabri-
cants d'Estampes auraient pu composer bien des *Petites
postes* et des *Nids à billets doux*, inter-
prétant par le dessin ce que l'auteur du
*Dictionnaire des amou-
reux* a voulu exprimer.
lorsqu'au mot *Manchon*
il donne cette piquante
définition : *Boîte
aux lettres, dou-
blée de satin blanc.*

Le plus célè- bre et le
plus délicieux ta- bleau où
figure un Manchon est assurément cet adorable tableau connu sous le
nom de *la jeune* *Fille au Manchon*, de Joshua Reynolds, qui fait partie de la belle collection de M. le
marquis d'Hert- ford. Rien n'est plus délicat que cette
peinture.—Cette jeune femme anglaise qui semble plutôt traverser le tableau que s'y fixer, tellement fut grande, on
dirait, la prestesse avec laquelle le peintre a cueilli cette image
au passage avec son mouvement de promeneuse, le corps un
peu incliné en avant, la tête de côté ; ce buste de femme qui s'arrête au Manchon est d'une telle fraîcheur de facture, d'une tonalité si fine, d'une si radieuse originalité de dessin, qu'il suffirait
presque à lui seul à établir la réputation immortelle de Reynolds,
pour avoir mis dans cette œuvre toute une quintessence de fémininité, comme un idéal de la plus exquise beauté anglaise, et
aussi comme un type mignard et inoubliable de jolie frileuse.

Il ne faut pas oublier non plus le *portrait de Mrs Siddons* peint par Gainsborough, dans le charme de sa vingt-neuvième année, en 1784. Ce tableau, qui fut exposé à Manchester en 1857, fait partie aujourd'hui de la *National Gallery*. La charmante lady, vêtue d'une fraîche robe rayée blanc et bleu, avec un châle chamois, à demi tombant des épaules, est coiffée d'un large feutre noir garni de plumes (un de ces feutres qui ont plus fait pour la vulgarisation de la gloire de Gainsborough que toutes ses études et portraits). Mrs Siddons est assise, tenant sur ses genoux, de la main gauche, un confortable Manchon de renard ou de loup de Sibérie, dont elle semble caresser la fourrure de la main droite, comme pour mieux faire valoir la beauté et la blancheur de ses doigts fuselés. Œuvre maîtresse d'un maître qui eut bien, il est juste de le dire, le plus ravissant visage du monde à pourtraire. — Mais, sans qu'il soit besoin de plus longtemps recourir à l'école anglaise, n'avons-nous pas ce lumineux portrait de Mme Vigée Lebrun, dans lequel le Manchon, relevé presque à hauteur de tête, étale l'éclat de sa pelure d'or fauve comme une chevelure de courtisane vénitienne; — cette étonnante peinture de la fin du xviiie siècle apparaît dans son éblouissement au milieu du salon carré du Musée du Louvre, tuant à force de fraîcheur et de lumière les magistrals tableaux *bitumineux* du début de ce siècle qui sont ses proches voisins.

Sous Louis XVI, la frénésie de la toilette atteignit sa crise la plus aiguë : les modes se succédèrent en peu d'années avec une telle rapidité, que c'est à peine si on pouvait les suivre ; on se mit à renchérir plutôt qu'à raffiner sur tout, et les Manchons, portés par les hommes comme par les femmes, devinrent énormes et outrés. Hurtaut, dans son *Dictionnaire de la ville de Paris*, article *Modes*, fait cette étrange remarque en l'année 1784 : « On a vu une dame à l'Opéra avec un *Manchon d'agitation momentanée.* »

L'esprit se perd à chercher quelle pourrait bien être la définition exacte de ce qualificatif : *d'agitation momentanée !*

En 1788, la mode fut aux manchons de loup de Sibérie.— D'après le *Magasin des modes nouvelles françaises et anglaises*, « nos jeunes gens » ne portaient pas paisiblement ou bourgeoisement le Manchon « à la papa », appuyé au bas du gilet ; ils s'en servaient au contraire comme d'un hochet ou d'un feutre *claque;* ils le tenaient à la main en gesticulant dans les promenades, ou le portaient sous le bras comme un portefeuille étranglé et foulé entre le coude et la poitrine.

Les petits chiens, les Bichons de manchon, qui n'avaient cessé d'être en grande faveur depuis la Régence, eurent plus de vogue que jamais ; toute femme de bel air avait son carlin et son « bichon » dans le genre *King-Charles,* ou d'une race analogue à celle de nos *Havanais.*

Dans la célèbre gravure en couleur de Debucourt, *la Galerie de bois au Palais-Royal* en 1787, on voit circuler, au milieu de cette foule étrange qu'on appelait la *Bigarrure* du Palais-Royal, des types extravagants, parmi lesquels des femmes qui tiennent à la main le long de leur mante fourrée ces incroyables Manchons démesurément grands, lesquels figurent également sous le bras des galants musqués du temps, avec un petit nœud de satin fixé sur la fourrure.

Sous la Révolution et le Directoire, la mode des Manchons fut aux extrêmes, larges comme des petits barils ou étroits et minuscules; — la mode varia au reste à l'infini, et il faut arriver à la Restauration pour trouver les premiers Manchons de chinchilla, qui sympathisent avec les witchouras de velours. — Ridicules des modes à étudier. — Quel Manchon choisirait le peintre qui voudrait, par allégorie, montrer une *Cigale* grelottante sous le givre et la neige, à laquelle l'Amour charitable apporte un Manchon douillet? Joli sujet de concours pour une académie recherchée et précieuse.

En 1835, Manchons, boas, palatines, mantelets garnis
de martre ou de renard affectent des formes odieuses et
indescriptibles; on fit alors, pendant un temps, des gants-
manchons, sortes de mitaines de martre qui se soudaient
l'une à l'autre dans le croisement des mains. Le Manchon,
cet accessoire de la toilette, devait être en harmonie avec
la tonalité générale et la coupe du costume. Aussi entre-
prendre de le décrire à cette époque ne serait guère possible qu'en esquissant une histoire complète de la Mode.

Le Manchon pittoresque, de 1830 à 1850, c'est assurément le gros Manchon de la bourgeoise parisienne ou
provinciale, ces Manchons garde-manger, garde-meubles,
qu'on rencontre dans les désopilants récits de Paul de
Kock et que l'on voit figurer dans de primitives carrioles
que conduisait le patron, et ou s'empilaient la bourgeoise
et toute la lignée des commis, afin d'aller explorer quelque
coin surburbain, le dimanche, pour y rire à « Manchon
comprimé », y faire mille folies d'un goût douteux, y ban-
queter plantureusement et chanter au dessert quelque
grosse chansonnette bien grivoise et ambiguë, dans le

genre des plaisants couplets de Laujon sur *le
Manchon* que j'oserai citer ici, d'autant plus
aisément qu'ils figurent dans « les chansons de
parades » recueillies par ce bon vivant qui fut
à la fois membre du Caveau et de l'Institut :

V'là c'que c'est que d'être si bonne.
Un de ces matins qu'il gelait,
Dans la vigne à la grand'Simonne
Maître Simon se morfondait ;
I'm'dit : « V'nez çà ! mam'zelle Javotte !
Réchauffez-moi ! car je grelotte !... »
    Revenez-y !
Maître Simon, frottez-vous-y !
J'vous prêterai mon manchon !
    Mignon !
J'vous prêterai mon manchon !

« Réchauffez-moi ! car je grelotte ! »
Par malheur, j'avais mon manchon.
Vous m'direz que j'étais ben sotte,
De l'prêter à maître Simon.
J'ai, ce jour-là, ben gagné ma journée ;
Je n'm'en puis servir de l'année !
    Revenez-y !
J'vous prêterai mon manchon !
    Mignon !

Je n'm'en puis servir de l'année,
Car la main dé maître Simon
Que rien jamais n'avait gênée
N'y faisait pas tant de façon ;
Il en a tout chiffonné la fourrure
Et même élargi l'ouverture
    Revenez-y !
J'vous prêterai mon manchon
    Mignon !

Et même élargi l'ouverture...
Ce petit meuble, si mignon,
A quasi changé de figure ;
C'était le plus p'tit de la maison.
I'bouffe autant que celui de ma tante,
Voyez comme ça m'rend ben contente !...
        Revenez-y !
Maître Simon, frottez-vous-y !
J'vous prêterai mon manchon ?
        Mignon !
J'vous prêterai mon manchon !

Et que de rires, que d'éclats de voix, que d'étouffades, dans ces parties à la Paul de Kock, lorsqu'une « ingénue » — à l'heure où la digestion aimable épanouissait tous les visages, — détaillait ces anciens couplets avec un air à la fois pleurard et plein de sous-entendus malicieux.

Le Manchon n'a pas toujours fait ainsi rire aux larmes, et un physiologiste en tirerait plus d'une déduction curieuse ; pour ne citer qu'un seul fait, au milieu des *Scènes de la vie de Bohème*, dans l'épisode du *Manchon de Francine*, qui a dû se fixer dans l'esprit de tout lecteur, les larmes sont montées aux yeux de tous à la suite d'une émotion sincère et profonde.

On se souvient de Francine condamnée par le médecin et qui *entend des yeux* la sentence terrible du docteur.

« Ne l'écoute pas, dit-elle à son amant, ne l'écoute pas, Jacques, il ment ; nous sortirons

demain; c'est la Toussaint, il fera froid... va m'acheter un manchon... prends-le beau... qu'il dure longtemps; j'ai peur des engelures pour cet hiver. »

Puis, lorsque Jacques rapporta le manchon : « Il est bien joli, dit Francine, je le mettrai pour sortir. »

Le lendemain, jour de la Toussaint, à l'angélus de midi, elle fut prise par l'agonie et tout son corps se mit à trembler. « J'ai froid aux mains, murmurat-elle, donne-moi mon manchon » — et elle plongea ses pauvres mains dans la fourrure.

« C'est fini, dit le médecin à Jacques, va l'embrasser »; et Jacques colla ses lèvres à celles de son amie. Au dernier moment, on voulut lui retirer le Manchon, mais elle y cramponna ses mains.

« Non, non, dit-elle; laissez-le-moi : nous sommes dans l'hiver, il fait froid. — Ah mon pauvre Jacques! »

— Et Francine meurt sans quitter son Manchon. — Histoire lugubre et poignante, comme l'œuvre de Murger, en général; — le *Manchon de Francine* sera peut-être le chapitre le plus durable de la *Vie de Bohème*. — On n'a pu mettre cette scène réaliste au théâtre, mais un peintre, M. Haquette, l'a admirablement exécutée dans l'une de ses meilleures toiles exposées à l'un de nos Salons annuels.

C'est que le Manchon évoque
bien des idées tristes pour les âmes
sentimentales et charitables; ce meuble d'hiver rappelle
les misères de ceux qui sont sans feu ni lieu, ni vêtements confortables, et lorsque la bise souffle au dehors,
que la neige tombe mollement dans un calme sombre,
plus d'une jeune fille rêveuse, accoudée près de la
fenêtre, laisse tomber son Manchon en songeant aux
infortunés qui souffrent, aux cigales insouciantes et
aux laborieuses fourmis dont la fortune adverse a
trompé la prévoyance.

Le Manchon, ce cachottier, cache bien des dé-
tresses : on le voit aujourd'hui aux mains de toutes les
ouvrières et modistes qui partent dès le matin, l'hiver, de
leur demeure pour l'atelier lointain; et cela serre
le cœur de voir tous ces petits Manchons misé-
rables faits de lapin ou de chat noir, desquels
sort souvent la pointe dorée d'un petit pain et
le papier graisseux qui enveloppe une char-
cuterie chlorotique ou un *Arlequin* acquis au
marché de la première heure. Le Manchon qui
réchauffe tant de jolies mains laborieuses et
vaillantes semble, en hiver, être le refuge de
la vertu grelottante mais victorieuse.

Que de luxe cependant, par contre, dans les Man-

chons mondains depuis vingt ans ! — On en fit de
fort petits en queue de zibeline, qui furent d'un
grand prix ; mais, en outre, il y en eut de plus
modestes fabriqués avec cette martre d'Australie
qui remplaça l'astrakan, démodé depuis 1860.
On en confectionna aussi en velours-peluche ou
en drap, avec bordures de fourrures et de
plumes, et gros nœud de rubans au milieu.
Quelques-uns devinrent de véritables sachets
parfumés avec l'héliotrope, la rose, le gardenia,
la verveine, la violette, ou poudrés à l'intérieur
d'iris ou de poudre à la Maréchale.

Une élégante et spirituelle courriériste de
modes, qui signe *Étincelle* les notes adorable-
ment chiffonnées de son *Carnet d'un mondain*,
donnait dernièrement la nomenclature des Manchons actuels peints à gouache :

« Le Manchon-Nid, en satin coulissé, doublé
de dentelles noires et blanches, avec tout un
rassemblement de bengalis et de perruchettes
effarées se blottissant dans les replis du satin.

« Le Manchon-Fleur, grand comme rien, de
peluche-ivoire, rouge cardinal ou bleu marine,
et des touffes de roses, de soucis, de camélias et
de violettes s'épanouissant au milieu dans des
flots de dentelles.

« Le Manchon-Watteau, pour le soir : une
ronde d'Amours peints sur satin blanc ; le Man-
chon-Coppée : des moineaux mouillés sur un
ciel de satin noir ; le Manchon-Figaro, en ve-

lours noir, entièrement recouvert d'une résille de chenille noire et or : trois colibris dans un nid de dentelle noire ; le Manchon-Duchesse : tout en marabouts, imitant la fourrure, parsemé de petits nœuds de satin feu ; le Castillan, en peluche, criblé de points noirs : une perruche orange au milieu, se détachant sur un éventail de dentelle noire ; le Minerve, en skong ou zibeline, avec un nœud de satin noir et une tête de chouette. »

Tout cela, modes d'aujourd'hui qui sont déjà des modes d'hier, tant l'inconstance de la vogue est perpétuelle ! — Aujourd'hui le singe, le renard bleu, le castor, le cygne, l'hermine sont métamorphosés en Manchons ; demain viendront les fourrures de zibeline, de loutre, de chinchilla, d'écureuil, de martre, de loup, etc. Femmes et fourrures changent et changeront tôt et souvent.

La mode est la fée éternelle ; qu'elle prenne l'Ombrelle comme baguette au bout de sa main gantée, ou le Manchon comme boîte à surprise ou en guise de corne d'abondance, elle ne demeure jamais à court d'inventions, de prodiges, de folies, de ruines ; — elle semble se venger sur les modernes humains de ce que les anciens ne l'aient pas divinisée et placée au sommet de l'Olympe. Que l'on coiffe donc la nouvelle et grande déesse d'un casque à girouette dont l'Amour fournira la flèche aimantée, et qu'on élève une statue à cette première grande

citoyenne française qui, de Paris, gouverne le monde
avec un despotisme si formidable, et contre lequel on
ne songe nullement à se révolter.

Pour nous, qui, à propos d'Ombrelle, de Gant et
de Manchon, venons de jeter un coup d'œil sur le
musée de cette souveraine, nous demeurons effrayé de
l'inconcevable variété d'objets qui furent une heure le
Ce qui plaît aux femmes, et, si nous n'avons pas
conduit nos lecteurs devant toutes les vitrines de ce
musée national, grand comme l'univers ou le plus vaste
du monde, ainsi que s'intitulent tous les magasins de
modes, c'est que, autour des ornements de la femme,
les volages amours danseront éternellement une ronde
frénétique qu'il faudrait être fou pour vouloir fixer. —
On a dit que la Mode était la seule littérature des
femmes; si cependant nos élégantes étaient condamnées
à étudier l'archéologie spéciale de cette littérature, bien
vite, — comme en amour. — elles préféreraient le
Roman à l'Histoire.

FIN

Appendice

APPENDICE

O N voit quelquefois apparaître certains petits
ouvrages légers qui se rattachent soit à l'histoire littéraire, soit à la poésie ancienne ou
aux mœurs et coutumes, et qui ne formeraient que de
jolies *plaquettes* curieuses, si l'Appendice qui les suit
n'était démesurément grossi de pièces justificatives,
notes annotées, documents à manchettes, bibliographie bibliographique, considérations et commen-
taires de toutes sortes, qui mettent le lecteur à la
question. — Avec ce procédé d'une conscience littéraire outrée, un opuscule de trente pages parvient
souvent à fournir trois cents pages; c'est, en quelque
sens, un cas d'exaltation érudite, quelquefois aussi
une gloriole de chercheur quı s'avise de gravir sur
la pyramide des livres compulsés pour y dresser

fièrement sa silhouette, comme on plante un dra-
peau sur l'édifice aussitôt qu'il est terminé.

L'an passé, comme *arrière-propos* à notre premier volume de cette série, *L'Eventail*, nous avons
publié une ébauche de bibliographie documentaire
pour indiquer les principaux ouvrages dans lesquels
nous avions puisé les petits matériaux nécessaires à
cette monographie. — Il y avait là six ou huit pages
de titres placés sans ordre qui se terminaient par
cette locution de poussif exprimant une fatigue extrême : *et cœtera.*

Et, dans cet *et cœtera*, nous avions mis cent rayons
de bibliothèque dans l'ombre, épargnant ainsi la
poire d'angoisse à nos lecteurs les plus méticuleux,
et nous épargnant aussi les fatigues d'un catalogue
interminable à rédiger sans grand profit pour personne, étant donnée la nature de l'ouvrage en question et la façon dont nous l'avions traité.

A la suite des trois causeries sans prétention que
nous venons de faire sur *l'Ombrelle, le Gant et le
Manchon*, on pourrait s'attendre à voir figurer ici les
linéaments ou matières premières du canevas sur lequel nous avons brodé nos hardies arabesques. — En
cela on se trompe. — Il nous plaira pour cette fois
de cacher les innombrables instruments de nos lar-
cins ; ils sont là encore à nos côtés, faisant des mu-
railles et des barricades sur notre table et sur les
sièges environnants. Mais si, la tâche terminée, on
aime d'ordinaire à remettre régulièrement en ordre
une bibliothèque bouleversée par la fièvre des re-

cherches, heureux de s'être nourri du suc intellectuel
des vieux livres, parfois aussi l'abattement nous vient,
le découragement intense qui « brise bras et jambes »,
selon l'expression bourgeoise. C'est que le résultat
n'a pas répondu à tant de mise en œuvre, c'est que
le tableau a été rêvé trop grand pour le cadre, c'est
que l'artiste a dû se réduire, se résigner et ne rien
mettre de son essence propre, c'est enfin que le litté-
rateur mosaïste voit la Petite pièce qu'il vient d'exécuter à côté du Grand sujet qu'il avait conçu.

En de pareilles conditions, le *meâ culpâ* est la
seule parade préventive que l'on puisse faire, dans
sa retraite, aux questions qui se contournent en
point d'interrogation sur les lèvres souriantes du
lecteur.

Inventorier les livres consultés serait un supplice
pire que celui de Tantale, car le désir, loin de se porter avec appétence en avant, regarderait tristement en
arrière, comme un vieillard qui revoit en sa mémoire
les femmes de sa vingtième année qu'il a laissé fuir
sous les saules sans mettre à profit pour les poursuivre
la vigueur de ses jarrets.

Ces livres — que nous ne relevons pas ici — sont
remplis de documents que nous n'avons pu enchâsser,
et il semble que les miettes de la table fassent un plus
gros volume que le repas qu'on y vient de prendre.

Au reste, trêve à la tristesse et aux regrets super-
flus ! — Qui sait si nous ne sommes pas odieusement
injuste à notre propre égard ? — Qui sait si le petit
chemin des écoliers que nous avons pris n'est pas le

plus joli, le moins rocailleux, le plus imprévu, c'est-à-dire le moins pénible et le plus verdoyant, tout en restant le plus court ?

A toute œuvre — si mince soit-elle — il faut de l'éloignement, un temps de calme et d'oubli. L'œil du peintre se trouble et s'égare à fixer une même toile des journées entières; le cerveau d'un chercheur s'ankylose et se pétrifie à rêver dans une même atmosphère de petites idées qui restent fixées à des chiffons.

Lorsque nous aurons démeublé notre crâne de ces mignonnes choses, *Ombrelle, Gant, Manchon,* pour y apporter un courant de conceptions plus sérieuses, peut-être nous sera-t-il loisible de relire alors cet opuscule en étranger et non en producteur, et aussi sans doute songerons-nous avec un sourire satisfait qu'il y eût eu beaucoup plus de sagesse que d'insouciance de notre part à ne pas nous attarder outre mesure à de si aimables bagatelles !

ACHEVÉ D'IMPRIMER

SUR LES PRESSES TYPOGRAPHIQUES ET EN TAILLE-DOUCE

de

A. QUANTIN

Imprimeur-éditeur

CE QUINZE NOVEMBRE

M.D.CCC.LXXXII

www.ingramcontent.com/pod-product-compliance
Lightning Source LLC
Chambersburg PA
CBHW070943100426

42738CB00010BA/1949